D1671027

ANNA D. GARUDA ist Diplomastrologin und psychologische Beraterin.
Seit über 15 Jahren begleitet sie in eigener Praxis Menschen auf ihrem Weg
zu mehr Gesundheit, Wohlbefinden und Lebensfreude.

ANNA D. GARUDA

ASTRO*RELAX*

Wassermann

Gesundheit für
Körper, Geist und Seele

Wilhelm Heyne Verlag
München

HEYNE ASTROLOGIE
14/429

Umwelthinweis:
Dieses Buch wurde auf
chlor- und säurefreiem Papier gedruckt.

Alle Angaben in diesem Buch sind sorgfältig recherchiert. Für den Erfolg bzw. die
Richtigkeit der Anwendungen in jedem Einzelfall können Autorin und Verlag
keinerlei Gewähr übernehmen.

Originalausgabe 12/2001
Copyright © 2001 by Wilhelm Heyne Verlag GmbH & Co. KG, München
http:/www.heyne.de
Printed in Germany 2001
Redaktion: Johann Lankes
Tierkreiszeichenillustration:
Konrad Dördelmann, Künstlergemeinschaft Hallbergmoos
Blumenillustration:
Tita Heydecker, Künstlergemeinschaft Hallbergmoos
Umschlagillustration:
Bavaria Bildagentur/FPG/V.C.L.
Umschlaggestaltung und Layout:
Eisele Grafik-Design, München
Herstellung:
H + G Lidl, München
Satz: Fotosatz Völkl, Puchheim
Druck und Bindung: Offizin Andersen Nexö Leipzig

ISBN 3-453-19974-X

INHALT

Ein herzliches Dankeschön für die Unterstützung in allen medizinischen Fragen möchte ich Frau Dr. Aletta Georgii, Hautärztin und Akupunkteurin, München, Frau Dr. Monika Volz-Osenberg, Akupunktur und Chinesische Medizin, Wiesbaden, Frau Dr. Dorothea Fuckert, Waldbrunn, Frau Proeller von der Firma Soluna (Spagyrik), Herrn Richard Mayer-Sonnenburg, Heilpraktiker und Kinesiologe, Augsburg, und Herrn Dr. Andreas Müller, Leiter des Hyperbaren Sauerstoffzentrums in München, aussprechen.

Meine aufrichtige Anerkennung gilt auch dem Künstler Konrad Dördelmann, der mit viel Liebe zum Detail und zur Kunst die symbolträchtige Tierkreiszeichen-Serie erstellte. Ebenso gebührt mein Dank der Künstlerin Tita Heydecker, die ihre ausdrucksstarken Blumenbilder für die Tierkreisbücher zur Verfügung stellte. Die Zusammenarbeit mit so vielen engagierten Menschen ist mir stets eine wahre Herzensfreude!

Der Wassermann

Persönlichkeit

Dieses von *Uranus* beherrschte, geistvolle Wesen wird Sie immer wieder überraschen. Es macht ihm einfach Spaß, Bürokraten ein bisschen zu provozieren, allzu brave Bürger ein wenig vor den Kopf zu stoßen oder aber allgemein gültige Meinungen zu widerlegen. Trotzdem ist dieses Luftzeichen äußerst liebenswert, freundlich und höflich. Wassermänner kommen barfuß oder in Sandalen zum Konzert, wenn ihnen danach zumute ist, denn sie sind humorvoll-»verrückt«.

Wassermänner gehen ihren eigenen Weg.

Sie haben ganz besondere Augen, deren Geheimnisse Sie nicht durchdringen können, und meist seidiges, dünnes Haar. Ein Wassermann liebt seinen Freundeskreis, doch ebenso plötzlich verlangt es ihn nach Einsamkeit. Wenn er irgendwann verschwindet, dann ist sein Interesse gestillt. Blitzschnell erfasst er das Wesentliche einer Lage oder Person. Ein Wassermann ist eben ein besonders scharfer Beobachter.

Eine Spur Rebellion ist immer mit im Gepäck, denn er erkennt instinktiv, dass die Welt dringend Veränderungen braucht. Gerade deshalb werden Wassermänner so oft missverstanden oder für ein bisschen verrückt gehalten. Dieses Tierkreiszeichen wird nun im Wassermann-Zeitalter erst richtig aufblühen. Zwischen Genie und Wahnsinn liegt stets nur eine hauchdünne Grenze: Statistisch gesehen haben die meisten Genies dieser Welt eine auffällige Wassermann-Betonung im Geburtsradix – der traurige Rest landet in den Nervenheilanstalten.

Ein Wassermann toleriert Ihre Meinung und Ihren Lebensstil, denn auch er lässt sich von anderen nichts vorschreiben. Er äußert zwar revolutionäre Ansichten und kann recht unangenehme Fragen stellen, doch Kampf und Gewalt lehnt er strikt ab, denn er ist ein echter Humanist. Vorsicht: Der Wassermann empfängt mit seinem geistigen Radar jede auch noch so leise Bemerkung aus dem letzten Eck des Zimmers, in dem gerade 20 Leute ein Fest feiern. Seine Intuition grenzt an Telepathie, und er weiß schon vorher, wer demnächst anruft. Ein Wassermann hasst Unehrlichkeit und Heuchelei, buhlt um niemandes Gunst und hat keinerlei Scheu vor so genannten Autoritäten.

Ein Wassermann ist ein echter Humanist.

Lieben Sie einen *männlichen Wassermann*? Na, dann dürfen Sie sicher sein, dass der sich nicht so benimmt, wie Liebende dies üblicherweise tun! Er wird Sie analysieren, bis er alles über Sie weiß, doch wenn Sie versuchen, mehr von ihm zu erfahren, klopfen Sie an verschlossene Türen. Außer Sie verstehen es, ihn immer wieder zu faszinieren! Er bewundert emanzipierte Frauen, wenn sie nicht allzu männlich wirken. Doch er kann plötzlich eine Allergie gegen Ihr Make-up ent-

Der sportliche Wassermann

So eigenwillig wie dieses Tierkreiszeichen ist, so einfallsreich zeigt es sich in Sachen Sport. Die Wassermann-Geborenen sind ebenso originell wie freiheitsliebend. Sie könnten durchaus eine neue Sportart erfinden oder Langweiler durch skurrile Späße aufmuntern. In keiner konventionellen Sportart fühlen sie sich richtig zu Hause: ein bisschen Fußball, ein bisschen Handball und etwas Badminton. Einige Wassermänner springen vom Zehnmeterturm und machen dabei noch sechs Saltos und einige Pirouetten. Etwas extravagant oder gewagt muss es schon sein: Wie wäre es mit Segelfliegen in Andorra, Drachenfliegen oder Geysir-Schwimmen in Island? Der Sport muss auch etwas Geistig-Witziges beinhalten, dann macht es doppelt so viel Spaß!

wickeln und dann ist höchste Alarmstufe angesagt. Wenn Sie gleichzeitig seine beste Kameradin sind und seine Interessen mit ihm teilen, haben Sie die größten Chancen bei ihm. Das ganze Sexgeschwafel der anderen verleitet ihn normalerweise nicht zu Seitensprüngen – nur wenn Spannungsaspekte von *Mond*, *Venus* und *Mars* in seinem Geburtshoroskop zu erkennen sind, neigt er dazu.

Männliche Wassermänner bewundern emanzipierte Frauen!

Normalerweise aber macht ein männlicher Wassermann prinzipiell nicht gern das, was andere Männer tun. Bricht ihm jemand sein Herz, leidet er meist still. Spielen Sie ihm kein Theater vor: Seine Intuition entdeckt jede Lüge! Und noch ein Tipp: Zeigt die »äußerliche Ampel« bei ihm Rot, dann hat er innerlich aber schon längst auf Grün umgeschaltet. Trotz seiner Ungeschicklichkeit in Liebesdingen wird Sie dieser Mann immer wieder positiv überraschen. Sie wollten ja einen ungewöhnlichen Mann und keine normale Beziehung!

Lieben Sie einen *weiblichen Wassermann*? Diese Frau kann kompliziert und treu sein, doch die besten Chancen haben Sie, wenn Sie ihr viel Freiheit lassen. Sie werden dieses interessante Wesen kaum mit Geld oder Geschenken einfangen können. Am ehesten können Sie bei ihr landen, wenn Sie selbst etwas Besonderes sind, nicht in die üblichen Schubladen passen, keine erzkonservativen Meinungen vertreten oder andere umerziehen wollen.

Suchen Sie eine leidenschaftliche Affäre, dann sind Sie hier verkehrt. Ihre Liebste ist gescheit, witzig, anmutig und ein bisschen geheimnisvoll. Argwohn ist ihr ein Fremdwort, doch wenn Sie fremdgehen, kehrt sie sehr schnell in ihre geliebte Freiheit zurück. Sie schätzt Fairplay und bietet Ihnen neben der Liebe auch noch eine tiefe Freundschaft an. Weibliche Wassermänner gehen selten fremd, doch es gibt viele geschiedene Frauen dieses Tierkreiszeichens: Ist die Verbin-

---

Typische Wassermann-Berufe

Spaß macht jede selbstständige Tätigkeit, aber auch Astrologe, Pilot, Flugzeugtechniker, Stewardess, Karikaturist, Literaturkritiker, Neurologe oder Psychiater passt zum Wassermann. Viele von ihnen sind Elektrotechniker oder arbeiten mit Elektronik, sind Informatiker, Ornithologe, Sprengmeister oder liefern Spezialeffekte bei Film, Fernsehen oder im Zirkus!

---

dung untragbar geworden, verschwindet diese Individualistin so urplötzlich, wie sie sich für Sie entschieden hat.

Dieses galaktische Wesen wird Ihr Herz erforschen und dessen geheimste Ecken und Winkel ergründen. Weibliche Wassermänner sind auf seltsame Weise schön und rätselhaft. Sie sollten sich nicht wundern, wenn diese Zauberfee immer wieder anders aussieht. Sie hat ihren eigenen unkonventionellen Stil von den Zehen bis zu den Haarspitzen. Schauen Sie möglichst kein »Big Brother« an, denn Dummheit kann diesen »geistigen Speedy Gonzales« schnell vertreiben.

Weibliche Wassermänner brauchen viel Freiheit.

Ihre tief sitzende Angst vor der Ehe sollten Sie ihr behutsam nehmen. Zeigen Sie ihr, dass Sie ihr bester Freund sind, dann könnten Sie einen einzigartigen, ungewöhnlichen Schmetterling einfangen, der die Zukunft schon heute kennt und Sie mit träumerischen Augen interessiert ansieht.

Künstler: Konrad Dördelmann, Hallbergmoos
Dieses Tierkreiszeichen-Bild entstand als Ätzradierung in limitierter Auflage
im Format 20 x 15 cm. Das Original ist handkoloriert.

Diese Abbildung stammt aus einer Reihe von zwölf Tierkreis-zeichen-Bildern, die auf dem Prinzip »Wie oben, so unten« basieren. Sie lehnen sich an das so genannte »senkrechte Weltbild« an, wobei sich die den Urprinzipien zugeschrie-benen Kräfte in wesensverwandten Ausdrucks- und Gestal-tungsformen auf allen möglichen Ebenen der Naturerschei-nungen äußern.

Uranier wollen die Welt durch Geistesblitze und Erfindungen aus den Angeln heben. Auf Ihrer Fahne steht geschrieben: geis-tige Freiheit und Überwindung von Zeit und Raum. Typisch für das Wassermann-Prinzip ist die Unterbrechung der Konti-nuität. Wassermann ist dem Fortschritt und der Entwicklung verpflichtet. Die Wassermann-Entsprechung in der griechi-schen Mythologie ist Prometheus, der der Menschheit die Mathematik, die Metallurgie und das Hellsehen sowie Schiffe und Häuser zu zimmern lehrte. In der indischen Mythologie hat Vishnu das »feuerstrahlende Schwert« als Symbol seines Kampfes für die neue, bessere Welt der Zukunft. Bei den indi-schen Hauptgöttern verkörpert *Garuda*, der leuchtende Wun-dervogel, das wassermännische Prinzip.

Das Wassermann-Prinzip lautet: geistige Freiheit und Überwindung von Zeit und Raum.

Konrad Dördelmann

Steckbrief Wassermann

Jahreszeit:	Hochwinter (21. Januar bis 19. Februar)
Element:	Luft (letztes Zeichen des Luftelements)
Geschlecht:	männlich – positiv – Yang
Herrscher:	Uranus (das exzentrische, unstete Urprinzip)
Pflanzen:	Lärche, Kiefer, Holunder, Waldmeister, Mistel (bizarre Pflanzen mit Luftwurzeln)
Tiere:	Vögel, Kängurus, Zebras, Giraffen, Störche, Kraniche (skurrile, bizarre Tiere)
Organe:	Zentralnervensystem, Kreislauf
Lebensphase:	vom 49. bis zum vollendeten 55. Lebensjahr
Kabbala:	Uranus wird keiner Sephirah zugeordnet, da er erst später entdeckt wurde

Prominente Wassermann-Geborene

21.01. Placido Domingo, Telly Savalas

22.01. Francis Bacon, Linda Blair, Lord Byron, Gotthold Ephraim Lessing, August Strindberg

23.01. Richard Dean Anderson, Humphrey Bogart, Willy Bogner, Caroline von Monaco, Jeanne Moreau

24.01. Neil Diamond, Friedrich II., der Große, Nastassia Kinski, John Belushi

25.01. Corazon Aquino, Dagmar Berghoff, Wilhelm Furtwängler, Peter Schneyder

26.01. Paul Newman, Roger Vadim

27.01. Nick Mason, Wolfgang Amadeus Mozart, Giuseppe Verdi

28.01. Hans-Jürgen Bäumler, Peter Voß

29.01. Matthew Ashford, John Forsythe, William Mc Kinley, Tom Selleck

30.01. Phil Collins, Corinna Drews, Gene Hackman, Vanessa Redgrave, Franklin D. Roosevelt

31.01. Theodor Heuss, Königin Beatrix von Holland, Franz Schubert, Walter Stump

01.02. John Ford, Hansi Hinterseer, Hugo von Hofmannsthal, Boris Jelzin, Lisa Marie Presley, Prinzessin Stéphanie

02.02. Robert Atzorn, Farrah Fawcett, Hella von Sinnnen, Barbara Sukowa

03.02. Hans-Jochen Vogel, Morgan Fairchild, Tony Marshall, Felix Mendelssohn Bartholdy

04.02. Alice Cooper, Charles Lindbergh, Evelyn Opela

05.02. Bobby Brown, Sandra Paretti, Thekla Carola Wied

06.02. Pierre Brice, Bob Marley, Ronald Reagan

07.02. Alfred Adler, Dieter Bohlen, Charles Dickens, Juliette Gréco

08.02. Gary Coleman, James Dean, Joshua Kadison, Manfred Krug, Jack Lemmon, Jules Verne, Sonja Ziemann

09.02. Dieter Baumann, Heinz Drache, Mia Farrow

10.02. Rainer Holbe, Mark Spitz, Robert Wagner

11.02. Thomas Alva Edison, Eliphas Levi, Leslie Nielsen, Burt Reynolds, Sidney Sheldon

12.02. Angelo Branduardi, Charles Darwin, Abraham Lincoln

13.02. Peter Gabriel, Kim Novak, George Segal, Robbie Williams

14.02. Jan Fedder

15.02. Jane Seymour

16.02. John McEnroe, Ernst Haeckel, Wolfgang Lippert

17.02. Alan Bates, Jim Brown, Jerry O'Connell, Michael Jordan, C. W. Leadbeater, Lou Diamond Phillips, Rita Süßmuth

18.02. Matt Dillon, Galileo Galilei, Jimmy Kelly, George Kennedy, Max Klinger, Yoko Ono, John Travolta, Paco Rabanne, Sri Ramakrishna

19.02. Prinz Andrew, Falco, Margaux Hemingway, Stan Kenton, Nikolaus Kopernikus

Lebenswünsche des Wassermanns

Positiv: Der typische Wassermann will die Welt durch Geistesblitze und Erfindungen aus den Angeln heben. Er braucht und sucht in erster Linie geistige Freiheit in allem. Am liebsten wäre ihm die Überwindung von Zeit und Raum. Er besitzt eine Menge Einfallsreichtum, große Freiheitsliebe und teilweise sogar Genialität auf einem bestimmten Lebensgebiet. Auf jeden Fall zeichnen ihn aber wahre Originalität aus und eine gewisse Lust zu Veränderungen.

Negativ: Ein Zuviel der Wassermann-Energie führt zwangsläufig zur Zerstörung sinnvoller Ordnungen und Hierarchien. Dann praktiziert der Wassermann hohle Clownerie, neigt zu Exzentrizität in vielen Lebensbereichen, aber auch zur Gefühlskälte. Negativ gelebt ist der Wassermann dann geplagt von Getriebenheit, Nervosität und Unruhe.

Gesundheitstipps für Körper, Geist und Seele

»Es ist wichtig, den Körper mit der Seele
und die Seele durch den Körper zu heilen!«
OSCAR WILDE

Sie sehen anhand der kleinen Charakterisierung des Wasser-mann-Menschen im vorangegangenen Kapitel und der im Anhang folgenden Aszendentenbeschreibung einen kleinen Ausschnitt des breiten Spektrums der Astrologie. Man könnte ein ganzes Buch nur über einen Menschen und dessen Geburtshoroskop füllen!

So ist die Astrologie für mich auch nach 20 Jahren Praxis ein immer wieder spannendes und sehr intellektuelles Hilfsmit-tel, um Körper, Geist und Seele eines Menschen besser ergrün-den zu können. Durch die Anregungen der Astrologie kann man seine Persönlichkeit zur vollen Blüte entfalten und fröh-lich zum Ausdruck bringen. Dieses Wissen gibt aber auch den Anstoß zu vermehrtem Verständnis und zu mehr Toleranz für unsere Mitmenschen und für uns selbst.

Nutzen Sie die Astrologie, um mehr über sich zu erfahren.

In den zwölf Tierkreiszeichen-Büchern dieser Reihe habe ich alles zusammengetragen, was Sie wissen müssen, damit Sie sich wohl fühlen – egal ob Ihre *Sonne* in diesem Tierkreiszei-chen steht oder Ihr Aszendent sich darin befindet. Mithilfe der Tabelle auf Seite 121 ff. können Sie Ihren Aszendenten (falls Sie ihn noch nicht wissen) leicht selbst herausfinden. Die nachfolgenden Empfehlungen wirken sich sowohl auf Ihr *Son-nen*-Zeichen als auch auf Ihren Aszendenten sehr positiv aus, denn zum Wohlfühlen sind beide Punkte sehr wichtig.

Auf den nachfolgenden Seiten finden Sie eine Menge Tipps und alternative Therapien, auf die Sie nach meiner langjähri-gen Erfahrung dank Ihres persönlichen Tierkreiszeichens sehr gut ansprechen werden. Doch auch Menschen, die ein oder zwei Planeten im elften Haus des Geburtshoroskops oder im *Wassermann* platziert haben, reagieren positiv auf die genannten Therapien. Ähnliches gilt auch, wenn auffällige Aspekte des *Uranus* vorhanden sind.

Noch ein weiterer Tipp für Fortgeschrittene: Schauen Sie in

Ihrem Geburtshoroskop nach, welches Tierkreiszeichen das *achte* Haus belegt. Dieses Haus im Geburtshoroskop weist ebenfalls darauf hin, wo wir in alten Sippenmustern gefangen sind, wo wir schwer loslassen können und wo wir therapeutisch (Pluto) am besten ansetzen können. Das Tierkreiszeichen, das im achten Haus steht, zeigt darüber hinaus die für Sie wirksamsten Therapieformen auf.

Fazit: Wer seine *Sonne*, seinen *Aszendenten* oder seine *Planeten* im *Wassermann* mit den angebotenen Therapien stärkt, hat wesentlich mehr Energien fürs Leben zur Verfügung. Und daraus folgt: Damit steigt auch die Lebensfreude. Die gesellschaftliche Struktur in den westlichen Industrienationen zwingt uns fast unbemerkt, auf Kosten der Gesundheit dem Geld nachzujagen. Danach sind wir gezwungen – weil uns diese Lebensform krank gemacht hat –, mit unserem Geld der Gesundheit nachzujagen.

Nach dem Studium Ihres Wohlfühlbuches für Ihr Tierkreiszeichen und für Ihren Aszendenten wissen Sie, wie Sie sich seelisch, geistig und körperlich gesund erhalten können. Aus dem reichhaltigen Angebot der Tipps ist ganz sicher auch für Sie etwas dabei. Ein besonderer Service steht auf den letzten Seiten dieses Buches: Kontaktadressen und Literaturempfehlungen für die angebotenen Therapien.

Ich wünsche Ihnen viel Freude auf dieser spannenden Reise, einige wertvolle Erkenntnisse und viele hilfreiche Ansätze für eine bewusstere und positivere Lebensgestaltung!

Stärken Sie sich mit den Gesundheitstipps, dann haben Sie mehr Lebensenergie.

Wassermann:
Astrologische Zuordnungen

Wassermann: 21. Januar bis 19. Februar
Element: Luft
Herrscher: Uranus
Primär: Blutkreislauf, Knöchel, Unterschenkel, Sprunggelenke und Waden
Sekundär: Leber, Lunge, Milz, Nerven und Verdauungsorgane

Widmen Sie sich humanistischen oder idealistischen Lebensbereichen.

Wassermann-Anfälligkeiten: Aids, Anschwellen der Beine, hoher Blutdruck, Gehstörungen, Frakturen, Herz-Kreislauf-Probleme, Jucken, Konzentrationsstörungen, Knöchelbrüche, Krampfadern, Menstruationsbeschwerden, Mongolismus, Neurosen, Neurasthenien, Nervenleiden, Obstipation, Parkinson, Prostataschwellung, Sexualstörungen, Unfälle, Unterschenkelprobleme, Uterussenkung, Venenentzündungen

Uranus = Symbol für Hirnhaut, Hypophyse, Lebensrhythmus und Rückenmark

Uranus-Krankheiten: Brüche am Sprunggelenk oder im Unterschenkel, Krampfzustände, Nervenleiden, Operationen, Rhythmusstörungen, Rückenmarksleiden und plötzliche Unfälle

Diagnose: Probleme mit den Sprunggelenken oder dem Unterschenkel zeigen beispielsweise Projektion, Verdrängung oder Überidentifizierung mit den Lebensbereichen der Würde, der Menschlichkeit, mit geistiger Perspektive, Humanismus, Aufrichtigkeit oder Idealismus an. Im Geburtshoroskop des Betroffenen und meist ausgelöst durch Transite findet man oft schwierige Aspekte des *Uranus* (Planeten im Zeichen Wassermann oder im elften Haus).

Günstige Therapien: Amulette, Aromatherapie, Atemtherapie, Aura Soma, autogenes Training, Bach-Blüten-Therapie, Biochemie, Bioresonanztherapie, Diät, Elektromedizin, Eurythmie, Farbtherapie, Geistheilung, Galvanotherapie, Heilatmung, Heilsteine, Homöopathie, Hochfrequenztherapie, Kunstlichttherapie, Lichttherapien, Magnetfeldtherapie, Neuraltherapie, Orgontherapie, Orthomolekulare Therapie, Ozontherapie, positives Denken, Power-Armbänder, Pyramidenenergietherapien, Ritual zum Aufladen der Luftenergie, Sauerstofftherapie und Traumdeutung

Alles, was ungewöhnlich ist, reizt einen Wassermann.

Zeigt sich eine Wassermann-Betonung im Geburtshoroskop, dann wirken ergänzend zu den oben genannten Therapien auch alle »provokativen Therapien« in psychologischer Richtung sehr gut. Kennen Sie schon die Therapie von Frank Farelly, bei der Lachen über sich selbst so befreiend wirkt? Alles, was ungewöhnlich ist, spricht den Wassermann positiv an, alles was Grenzen überschreitet und die Individualität, die eigene Freiheit fördern kann, trägt dazu bei, dass Körper, Geist und Seele wieder gesunden!

Tipp für Menschen in Lebenskrisen: Das Netz, Hasenrain 65, CH-4102 Binningen, Tel.: 00 41/61/3 83 97 22

Suchen Sie sich aus den nachfolgenden Tipps die am besten für Sie geeigneten Therapien heraus!

Amulette und Talismane

Amulette und Talismane sind Begleiter der Menschheit seit Anfang der Geschichte. Man vermutet, dass sie durch ihre Form über eine starke Kraft verfügen – was von zeitgenössischen Bioenergietherapeuten immer wieder bestätigt wird.

Talismane geben Kraft und bringen Glück.

Der wassermannbetonte 4er-Mensch (siehe den Abschnitt über »Zahlenmagie«) sollte sich *Energie Qi*, einen kaligrafischen Talisman der Kraft mit dem Yin- und Yangzeichen auf der Rückseite, zulegen.

Es ist ein starkes Symbol, das viel innere Energie liefert, die unentbehrlich ist, um Erfolg zu haben. Nach dem Prinzip dieser Philosophie bringt dieser Talisman ein glückliches, schmerzloses und harmonisches Leben durch die natürliche Durchströmung mit der Energie Qi. Dieser Talisman ist besonders für Sie als *Luftzeichen* geeignet!

Die folgenden Amulette sind in Finanzangelegenheiten hilfreich:

- *Ganesha* – der indische Weisheitsgott hilft, Schwierigkeiten und Hindernisse zu überwinden.
- *Stein aus Susa* – er weist den richtigen Pfad im Leben.
- *Geheimcode des Cagliostro* – er lässt Wünsche Realität werden.
- *Geschäftsamulett* – besonders geeignet für alle Selbstständigen.
- *Spieleramulett* – hilft Ihnen intuitiv, auf die richtigen Zahlen zu setzen.
- *Symbol der fünf Segen* – es bringt Glück, Reichtum, ein langes Leben und gute Gesundheit.
- *Altkoreanische Glücksmünze* – sorgt für Erfolg im Berufs- und Privatleben.

Aromatherapie

Ätherische Öle werden in der menschlichen Nase von über 100 Millionen Riechzellen aufgenommen und lösen Nerven-impulse aus. Unser Riechzentrum liegt im Bereich des limbi-schen Systems (Hippocampus), der Zentralstelle des endokri-nen, vegetativen und psychischen Regulationssystems. Dieses System steuert unser emotionales Verhalten und unsere Gefühle und ist mit anderen Zentren an unserem Gedächtnis beteiligt. Das limbische System regelt darüber hinaus die Atmung und die Herztätigkeit, den Hormonhaushalt, die Kreativität und den Lebenswillen. So rufen die ätherischen Öle oft längst vergessene Erinnerungen wach und beeinflussen unsere Gefühle. Aber sie wirken auch auf einige Vitalfunktio-nen des Körpers wie z. B. Atmung, Herzfrequenz, Hormon-haushalt, Kreativität und Lebenswille.

Ätherische Öle werden aus Pflan-zen gewonnen.

Die ätherischen Öle gewinnt man vorwiegend durch Wasser-dampfdestillation oder durch Kaltpressen. Verwenden Sie nur 100-prozentige echte und natürliche Aromaöle. Ätherische Öle sind hochkarätige Konzentrationen pflanzlicher Wirkstof-fe und sollten deshalb sparsam (in der Duftlampe) verwendet werden. Aber sie eignen sich auch zur Inhalation nach der alten Schüssel-Tuch-Methode oder als Kompressen, als Zuga-be zu Bädern oder zur Massage. Natürlich können Sie auch einige Tropfen in den letzten Spülgang der Waschmaschine beigeben.

Die körperlichen Schwachstellen eines Wassermann sind oft das vegetative, autonome Nervensystem, die Unterschenkel und Knöchel. Die Symptome sind vor allem Krämpfe, nervöse Erkrankungen, Zuckungen, Krampfadern, Venenleiden und Lähmungen im Bereich der Beine. Außerdem ist er stark unfallgefährdet durch den intensiven Einfluss der uranischen Planetenenergie. Ein unterdrückter Wassermann leidet auch an Herzerkrankungen (durch sein Gegenzeichen *Löwe*) und an Kreislaufproblemen. Dem Wassermann entsprechen vor allem die frischen und blumigen Düfte, doch wohlriechende Wurzeln passen ebenfalls zu ihm. Ein unterdrückter Wassermann wird leicht lethargisch und braucht dann Düfte des Elements Luft, die gleichzeitig sein sensibles Nervenkostüm beruhigen. Ein übertriebener (ruheloser) Wassermann wird durch die Düfte des Elements Erde viel ausgeglichener.

Eukalyptusduft hilft dem Wassermann, die ersehnte geistige Weite zu erreichen.

Der *Eukalyptus* schenkt dem Wassermann-Menschen die ersehnte geistige Weite und ist somit ein wichtiger Duft für den eher unterdrückten Vertreter dieses Zeichens. Eukalyptusöl in der Duftlampe oder ins Taschentuch eingeträufelt, wirkt gegen Infektionskrankheiten aller Art. Aufgrund seiner antiseptischen Wirkung ist dieser Duft nicht nur fiebersenkend, sondern auch schmerzlindernd und heilend bei Erkältungen und grippalen Infekten im HNO-Bereich. Außerdem hat dieses erfrischende und regenerierende Öl bei Stress und anderen Erschöpfungszuständen stimulierende Wirkung.

Auch das *Eisenkraut* ist ein Duft der Luftenergie, der inspiriert und die Gehirnfunktionen stärkt. Ein lethargischer Wassermann wird davon angeregt und sein Nervensystem wird entspannt.

Das Aromaöl *Davana* schenkt mehr Weichheit, denn oft fehlt dem typischen Wassermann der Kontakt zu seinem Herzen, weil er einfach zu viel denkt. Dieser Duft hat eine süßlich-kräuterhafte Note und wirkt sehr beruhigend und entspannend auf das stets vibrierende Nervensystem eines Wassermann. Er verbindet Geist und Körper und lässt Gefühle und Gedanken geschmeidiger durch das Nervensystem gleiten. Davana ist zudem dabei hilfreich, Hemmungen im Umgang mit Kollegen in der Firma oder mit Fremden abzubauen.

Das beste Öl fürs sensible Nervensystem ist jedoch *Vetiver*. Es beruhigt und harmonisiert das autonome Nervensystem, muss jedoch sehr gering dosiert werden, sonst bekommen die Wassermänner Angst vor ihrer inneren Tiefe. Es bremst ihre manchmal äußerst realitätsfremden Höhenflüge ab. Dieser Duft löst nervöse oder verkrampfte Verspannungen im Körper und schenkt besonders Männern ein höheres Maß an Ruhe und Ausgeglichenheit. Es wirkt auch sehr harmonisierend auf das Nervensystem und reguliert die Hormonproduktion in den endokrinen Drüsen!

Das Duftöl Vetiver löst nervöse Verspannungen im Körper.

Tipp: Die ätherischen Öle erhalten Sie im guten Fachhandel und auch in vielen Apotheken. Einige Firmen liefern auch per Versand (z. B. Magic Discount und Methusalem). Buchtipps und Kontaktadressen zu diesem Thema finden Sie im Anhang.

Atemtherapie

Atmen ist für Sie als *Luftzeichen* das Zaubermittel. Die Atemtherapie hilft bei psychosomatischen und funktionellen Störungen, z. B. Atembeschwerden, Bronchitis, Asthma bronchiale, Störungen der Verdauung und des Herz-Kreislauf-Systems, bei psychovegetativen Spannungs- und Erschöpfungszuständen, funktionellen und degenerativen Erkrankungen des Bewegungssystems und bei depressiven oder seelisch labilen Zuständen.

Das Zauberwort bei Wassermännern heißt Atmung.

Hier eine ganz einfache Übung: Setzen Sie sich in den Schneidersitz, lassen Sie die Schultern etwas hängen und beruhigen Sie Ihren Geist. Dann atmen Sie ganz ruhig und legen jetzt beide Hände auf die Brust, die Fingerspitzen sollen sich nicht berühren. Fühlen Sie, ob sich beim Einatmen der Brustkorb hebt und beim Ausatmen senkt.

Legen Sie nun Ihre Hände an die Rippen unterhalb der Brust. Wieder ruhig ein- und ausatmen. Zum Abschluss legen Sie beide Hände rechts und links neben den Bauchnabel. Atmen Sie tief ein, und spüren Sie, ob Ihr Atem im Bauch ankommt. Ja? Gut, jetzt atmen Sie richtig!

Der »erfahrbare Atem« nach Ilse Middendorf basiert auf dem Lassen, Zulassen und Seinlassen. In der atemtherapeutischen Arbeit gehört es dazu, das Empfinden, Sammeln und Atmen als ganzheitliches Erleben bewusst zu spüren, damit daraus eine neue Lebendigkeit erwächst. In der Einzelarbeit entsteht ein »Dialog« zwischen dem Atem des Patienten und den Händen des Therapeuten. Am Ende der Stunde wird das Erlebte zwischen dem Therapeuten und dem Patienten besprochen. Weitere Informationen finden Sie im Anhang.

Aufladen der eigenen Grundenergie

Alle Wassermann-Menschen sind allein schon durch die Stellung der Sonne in einem luftigen Element geboren. Sie zählen somit zu den Luftzeichen (Zwillinge, Waage und Wassermann).

Luftige Menschen müssen Brüderlichkeit erlernen. *Yang* ist aktiv, initiativ und lässt heraus: bei einem Luftzeichen eher durch soziale Interaktionen und vor allem auch durch verbalen Ausdruck und Austausch. Die meisten Nobelpreisträger hatten und haben ihre Sonne, Planeten oder den Aszendenten im Zeichen Wassermann (oder im elften Haus).

Laden Sie regelmäßig Ihr Energiefeld auf, sonst fühlen Sie sich schnell kraftlos.

Wer zum Luftelement gehört, besitzt jene Lebensenergie, die als Atem *(Prana)* bezeichnet wird. Luftzeichen konzentrieren ihre Energie vor allem auf neue Ideen, die sich eines Tages dann umsetzen lassen. Man mag den Luftzeichen vorwerfen, dass sie oft unrealistische Träumer seien, doch können und konnten ihre Ideen schon oft das Leben von Millionen Menschen berühren oder verändern.

Luftzeichen können sich wie kaum ein anderer aus der direkten alltäglichen Erlebniswelt herauslösen. Sie gewinnen dadurch mehr Objektivität, eine bessere Perspektive und finden wieder einen rationalen Ansatz. Diese geistige Losgelöstheit schenkt ihnen die Gabe, mit allen möglichen Menschen umzugehen, weil sie die anderen so lassen können, wie sie sind.

Luftzeichen sind nachweisbar die sozialsten unter den zwölf Tierkreiszeichen, doch es besteht die Gefahr, dass sie der geistigen Kompetenz einen viel zu hohen Stellenwert einräumen. Dann mangelt es zuweilen an Gefühl oder an der Anerkennung unserer physischen Grenzen. Denken, Sprechen oder

Schreiben sind demnach eine dominierende Kraft bei den drei Luftzeichen. Sie leben eher im abstrakten Bereich der Gedankenwelt. Ein Gedanke ist jedoch für sie ebenso real wie jedes andere Objekt, das man sehen kann.

Was Sie als Luftzeichen dringend benötigen, um Ihr Energiefeld zu nähren, ist *Luft*. Schlafen Sie nie bei geschlossenen Fenstern. Gehen Sie öfters an der frischen Luft spazieren. Vor allem die dünne elektrische Luft in den Bergen füllt Ihre Energietanks schnell wieder auf. Ab und zu ein Ausflug in hügelige Gegenden und ein paar Wanderungen (auch Radtouren) werden Ihnen sowohl körperlich als auch seelisch und geistig gut tun. Wenn Sie sich tagelang nur in geschlossenen Räumen aufhalten, wird Ihnen viel Energie abgezogen.

Schlafen Sie wenn möglich nicht bei geschlossenen Fenstern.

Natürlich müssen sich Luftzeichen auch unterhalten, mit anderen Menschen sprechen, denn auch damit findet ein Luftaustausch statt. Ihr Geist will gefüttert werden – gute Bücher oder interessante Artikel, Vorträge u. Ä. dienen dazu. Wenn Ihr Wohnort ca. 700 Meter über dem Meeresspiegel liegt, dann fühlen Sie sich wesentlich wohler als in tiefen Ebenen.

Übrigens: Die *Luftgeister* sind die *Sylphen* und sie können nur durch Beständigkeit kontrolliert werden. So würde Ihnen als Luftzeichen eine bestimmte, beständige Haltung im Leben sehr gut tun. Es ist zwar schwierig für Sie, eine Verpflichtung mit fester Entschlossenheit einzugehen, doch das wäre ein wichtiger und äußerst positiver Schritt für Ihre persönliche Ausstrahlung und Weiterentwicklung!

Autogenes Training

Das autogene Training (AT) ist ein Verfahren der konzentrativen Selbstentspannung. In den 30er-Jahren des vergangenen Jahrhunderts wurde es von dem Berliner Nervenarzt Johannes Heinrich Schultz entwickelt. Durch einfache und einprägsame Formulierungen werden Empfindungen der Schwere und Wärme erlernt. Zunächst sollte autogenes Training in Gruppen geübt werden. Die Formeln des autogenen Trainings werden nicht gesprochen und nicht geflüstert, sondern nur konzentriert gedacht. Am wirkungsvollsten ist es, jede Formel mit einem inneren Bild, einer Vorstellung, zu verbinden (visualisieren). Das oberste Gebot bzw. die erste Übung lautet meist:
Ich bin ganz ruhig.
Wiederholen Sie diesen Satz mehrmals hintereinander, und verbinden Sie diese Worte mit einem Bild, z. B. einer stillen Waldwiese oder einem ruhigen See.
Mein rechter Arm ist ganz schwer.
Wiederholen Sie auch diesen Satz mehrmals hintereinander, und stellen Sie sich bildlich vor, Ihr Arm sei aus Blei oder ganz schwer.
Ich bin ganz ruhig.
Denken Sie noch mal an den Eröffnungssatz.
Mein rechter Arm strömt warm.
Auch diesen Satz wiederholen Sie einige Male mit der Vorstellung, dass die warme Sonne auf Ihren Arm scheint.
Ich bin ganz ruhig und schwer und ruhig und warm.
Es genügt, wenn Sie diesen Satz einmal denken.
Mein linker Arm ist ganz schwer.
Auch diesen Satz wiederholen Sie innerlich des Öfteren und stellen sich dabei vor, wie Ihr linker Arm aus Blei oder ganz schwer ist.

Üben Sie zu Beginn nie alleine.

Mein rechtes Bein ist ganz schwer.
Mein linkes Bein ist ganz schwer.
Wiederholen Sie auch diese beiden Sätze jeweils mehrfach und stellen Sie sich dabei vor, Ihr rechtes bzw. Ihr linkes Bein sei aus Blei oder ganz schwer.
Es atmet.
Beobachten Sie nur Ihren natürlichen Atemvorgang vier- bis sechsmal. Bitte keine Atemtechnik anwenden!
Beim autogenen Training gilt immer der Grundsatz:
Nichts wollen – nichts müssen – nichts erzwingen – zulassen – geschehen lassen – kommen lassen!

Autogenes Traning ist die Entspannungstechnik, die die meisten Erfolge erzielt.

Das Es oder Selbst – unsere Grundsubstanz, die durch das autogene Training angesprochen wird – lässt sich nicht willentlich erzwingen. Da eine Erkrankung immer eine Blockade im Fließgleichgewicht unseres Wesens darstellt, können wir sie nur umspülen und auflösen – nicht etwa zertrümmern. Entspannungstechniken wie das autogene Training nehmen in der Vorbeugung und Behandlung körperlicher und seelischer Störungen einen wichtigen Platz ein.
Die Erfolgsliste beim autogenen Training ist lang. Es verbessert auf jeden Fall Ihre Konzentrationsfähigkeit, beruhigt und mindert Ihre Angst, erweitert Ihre körperliche, geistige und künstlerische Fähigkeit, baut Fehlhaltungen ab, löst Abhängigkeiten auf, dämpft überschießende Emotionen, kräftigt Ihr Selbstvertrauen und behebt Schlafstörungen.
Am besten eignet sich fürs AT die Droschkenkutscherhaltung: Dazu sitzen Sie auf einem Stuhl, die Füße stehen nebeneinander, die Kniegelenke bilden einen Winkel von 90 Grad und zeigen leicht nach außen. Das Rumpfgewicht wird etwas fallen gelassen, die Unterarme ruhen auf den Oberschenkeln.
Volkshochschulen bieten Kurse für autogenes Training an.

Bach-Blüten

Bach-Blüten-Essenzen sind in England und anderen angelsächsischen Ländern seit ca. 50 Jahren in Gebrauch. Sie gelten als feinstoffliche Heilmethode und wurden von dem englischen Arzt Dr. Edward Bach in den 30er-Jahren des vergangenen Jahrhunderts entwickelt. Er beschäftigte sich zunächst mit Homöopathie und erstellte aus den von ihm entdeckten Darmbakterien Bach-Nosoden. Mit 44 Jahren gab er Praxis und Labor auf, um nach pflanzlichen Alternativen zu seinen bakteriellen Nosoden zu suchen. Seine spezifisch heilenden Pflanzen nannte er »Reharmonisierungstropfen«.

Bach-Blüten bringen Sie Ihrer Seele näher.

Edward Bach schreibt: »Krankheit ist weder Grausamkeit noch Strafe, sondern einzig und allein ein Korrektiv, ein Werkzeug, dessen sich unsere Seele bedient, um uns auf unsere eigenen Fehler hinzuweisen, um uns vor größeren Irrtümern zurückzuhalten, um uns daran zu hindern, noch mehr Schaden anzurichten, und um uns auf den Weg der Wahrheit und des Lichts zurückzubringen, von dem wir nie hätten abkommen sollen.«

Zusätzlich zu den 38 Essenzen hat Bach die »Notfalltropfen« entwickelt, die bei seelischen Schockzuständen oder großer innerer Anspannung helfen (gut für die Hausapotheke).

Bach-Blüten eignen sich vor allem zur Behandlung psychischer Zustände sowie zur positiven Beeinflussung negativer Charakterzüge. Sie wirken also vornehmlich auf Geist und Seele ein, doch häufig bessern sich dadurch auch körperliche Krankheiten. Für Wassermann-Menschen sind folgende Essenzen besonders heilsam: *Scleranthus, Wild Oat* oder *Chestnut Bud*, die Mechthild Scheffer wie folgt beschreibt:

Scleranthus: unschlüssig, sprunghaft, innerlich unausgegli-
chen, Meinung und Stimmung wechseln von einem Moment
zum anderen!

◆ Sind Sie des Öfteren unentschlossen oder innerlich ruhe-
los?

◆ Sind Sie gedanklich ständig zwischen zwei Möglichkeiten
hin- und hergerissen?

◆ Leiden Sie unter extremen Stimmungsschwankungen:
Weinen und Lachen, Hoffnung und Verzweiflung?

◆ Nehmen Sie zu viele Impulse auf und hüpfen Sie dann
gedanklich hin und her wie ein Grashüpfer?

◆ Wirken Sie auf andere oft unzuverlässig, weil Sie Ihre
Anschauungen häufig wechseln?

◆ Mangelt es Ihnen an innerem Gleichmaß oder innerer
Balance?

◆ Stecken Sie in einer aktuellen Nervenkrise?

◆ Sind Sie des Öfteren unkonzentriert oder springen Sie im
Gespräch von Thema zu Thema?

◆ Verlieren Sie wegen Ihrer inneren Wankelmütigkeit oft
wertvolle Zeit oder verpassen Sie privat oder beruflich
manche gute Gelegenheit?

◆ Fragen Sie bei einem inneren Konflikt nicht um Rat, sondern versuchen Sie selbst, zu einem Entschluss zu kommen?

◆ Erleben Sie auch körperliche Schwankungen (Wechsel zwischen Aktivität und Apathie; die Symptome wandern im Körper hin und her; heute tut es hier weh, morgen da; immer
wieder Gleichgewichtsstörungen; Heißhunger wechselt mit
Appetitlosigkeit, Durchfall mit Verstopfung u. Ä.)?

Haben Sie diese Fragen des Öfteren mit Ja beantwortet, dann
könnte Scleranthus eines Ihrer aktuellen Mittel sein!

*Mit dem Fragen-
katalog finden Sie
Ihr Heilmittel.*

Wild Oat: Unbestimmtheit in den Zielvorstellungen; Unzufriedenheit, weil man seine Lebensaufgabe noch nicht gefunden hat!

◆ Haben Sie nur recht unklare Zielvorstellungen oder können Sie Ihre Richtung im Leben nicht finden?

◆ Sind Sie ehrgeizig und möchten Sie etwas Besonderes leisten, doch Sie wissen nicht genau, was?

◆ Fühlen Sie trotz vieler Möglichkeiten noch keine Neigung zu einem bestimmten Beruf?

◆ Macht Sie dieses »In-der-Luft-Hängen« oft verzagt?

◆ Drängt es Sie immer wieder zu neuen Projekten und Vorhaben?

◆ Sind Sie niedergeschlagen, weil die Dinge bei Ihnen nicht so klar sind wie bei anderen Menschen?

◆ Sind Sie vielseitig begabt, probieren vieles aus, doch nichts bringt Ihnen wirkliche Befriedigung?

◆ Besitzen Sie noch unausgeschöpfte Talente und Fähigkeiten?

◆ Wollen Sie sich innerlich nicht festlegen oder manövrieren Sie sich oft unbewusst in unbefriedigende Situationen hinein?

◆ Zersplittern Sie des Öfteren Ihre Kräfte?

◆ Leben Sie zurzeit in unpassenden beruflichen oder privaten Verhältnissen?

Die Fragen, die Sie mit Ja beantworten, geben einen wichtigen Hinweis auf Ihr Heilmittel.

Haben Sie diese Fragen des Öfteren mit Ja beantwortet, dann könnte Wild Oat eines Ihrer aktuellen Mittel sein!

Chestnut Bud: Man macht immer wieder die gleichen Fehler, weil man seine Erfahrungen nicht wirklich verarbeitet und nicht genug daraus lernt!

◆ Geraten Sie immer wieder in die gleichen Schwierigkeiten, führen die gleichen Auseinandersetzungen oder bauen die gleichen Unfälle etc.?

◆ Scheinen Sie im Leben nur sehr langsam etwas dazuzulernen – sei es aus Interesselosigkeit, Gleichgültigkeit, innerer Hast oder aus Mangel an Beobachtung und Analyse?

◆ Holen Sie aus Ihren Erfahrungen zu wenig für sich selbst heraus oder verarbeiten Sie Ihre Erlebnisse nicht tief genug?

◆ Stürzen Sie sich lieber gleich in eine neue Erfahrung, anstatt die letzte erst einmal auf sich wirken zu lassen?

◆ Kommen Sie gar nicht auf die Idee, auch aus den Erfahrungen anderer Menschen zu lernen?

◆ Sind Sie in Ihren Gedanken immer schon zwei Schritte voraus und reagieren dann in der gegenwärtigen Situation oft unaufmerksam, ungeduldig oder uninteressiert?

◆ Sind Sie ein langsamer Lerner oder hatten Sie auch in der Schule schon Lernblockaden?

Ein erfahrener Heilpraktiker ermittelt für Sie die geeignete Mixtur.

Wenn Sie diese Fragen des Öfteren mit Ja beantwortet haben, dann könnte Chestnut Bud eines Ihrer Mittel sein!

Wo erhalte ich die Bach-Blüten?

Vielleicht kennen Sie einen guten Heilpraktiker oder Homöopathen, der schon viele Erfahrungen mit der Bach-Blüten-Therapie gemacht hat. Oder Sie besorgen sich die Konzentratfläschchen direkt beim Bach-Center selbst und mischen sich die Heilmittel zusammen (Buchtipps und Kontaktadressen finden Sie im Anhang).

Biochemie

Unter Biochemie versteht man im Allgemeinen die Lehre von der chemischen Zusammensetzung der Lebewesen und den chemischen Vorgängen in den Lebewesen sowie im Besonderen die Lehre des Oldenburger Arztes Wilhelm Heinrich Schüßler (1821–1898). Schüßler war eifriger Verfechter des homöopathischen Gedankenguts. Bei seinen Forschungen richtete er sein Augenmerk auf die Mineralsalze und deren Wirksamkeit. Er entwickelte den Leitsatz: »Die im Blute und in den Geweben vertretenen anorganischen Stoffe genügen zur Heilung aller Krankheiten, die überhaupt heilbar sind.«
Besserung oder Heilung ist nur möglich, wenn die den Zellen fehlenden Stoffe direkt (durch den Blutstrom) zugeführt werden oder wenn eine Entgiftung der Zellen durch gesundes Blut geschehen kann. Schüßler verwendet in seinem Heilsystem nur solche Mineralien, die im Körper, im Blut und in den Geweben in chemischer Bildung vorhanden sind. Durch die Biochemie kann die gestörte physiologische Chemie des Körpers direkt korrigiert werden. Die Schüßler-Salze werden in niedrigen Potenzen von D 3 bis D 12 eingenommen. Sie sind preiswert als Tabletten oder Salbe in der Apotheke erhältlich.
Dem Wassermann sind die Mittel *Kalium phosphoricum (Kal. phos.) = phosphorsaures Kalium* und *Magnesium phosphoricum (Magn. phos.) = phosphorsaure Magnesia* zugeordnet. Der Biochemiker und Arzt Dr. med. Konrad Grams beschreibt diese Mittel wie folgt:
Kalium phosphoricum ist die mineralische Grundlage des Muskelfleisches. Es kommt ferner vor in den Gehirn-, Nerven- und Blutzellen. Die Kalisalze überwiegen in den festen Geweben und in den roten Blutkörperchen, während die Natrium-

Schüßler-Salze lösen krank machende Blockaden im Körper.

salze sich vorwiegend in den Säften und in der Blutflüssigkeit vorfinden. Kalium phosphoricum ist ein großes Nerven- und Gehirnmittel und es ist wichtig für das ganze Nervensystem, die roten Blutkörperchen und die Muskeln. Es ist demnach anzuwenden bei allen Nervenkrankheiten, bei Hysterie, Melancholie, Platzangst, nervöser Schlaflosigkeit, Niedergeschlagenheit, Schwächezuständen, bei Schwindel, Gehirnleiden, Lähmungserscheinungen, übel riechenden Entleerungen, Wochenbettfieber und stinkenden, schmierigen Ausflüssen.

Magnesium phosphoricum mildert Krämpfe, Kopf- und Zahnschmerzen.

Bei sehr akuten Schüben kann man eine Tablette alle fünf Minuten auf der Zunge zergehen lassen. Ansonsten reicht die Einnahme von dreimal täglich einer Tablette.

Magnesium phosphoricum kommt in den Zähnen, Knochen, im Gehirn, Rückenmark, in den Nerven, Muskeln und Blutzellen vor. Dem Zahnschmelz der Zähne gibt es die Festigkeit. Der Widerstand der Knochen gegen Bruch hängt von ihrem Gehalt an phosphorsaurer Magnesia ab. Sie gibt darüber hinaus den Nerven und Geweben ihre Spannkraft. Magnesium phosphoricum ist demnach angezeigt bei Krämpfen, bei Kopf- und Gesichtsschmerzen (Trigeminusneuralgie), bei nervösem Zahnweh, Koliken, Blähungsbeschwerden und Schlagfluss, ebenso bei Schmerzen, die blitzartig, schießend, bohrend, stechend sind und durch Wärme oder Druck gebessert werden. In akuten Fällen ist das Mittel in heißem Wasser aufzulösen, dann wirkt es schneller. Ansonsten reicht die Einnahme von dreimal täglich einer Tablette (Buchtipps und Kontaktadressen finden Sie im Anhang).

Bioresonanztherapie

Alle Luftzeichen sprechen sehr gut auf Therapien an, die mit Geräten arbeiten, die an das Stromnetz angeschlossen sind. Eine solche Heilmethode ist die Bioresonanztherapie (BRT), die von ihren Erfindern Dr. Franz Morell und dem Elektroingenieur Erich Rasche zunächst als Mora-Therapie bezeichnet wurde. Grundlage dieser Therapie ist die Erkenntnis, dass der menschliche Körper von einem elektromagnetischen Feld durchdrungen und umgeben ist. Dieses Energiefeld steuert auch alle biochemischen Vorgänge in unserem Körper. Die Bioresonanztherapie geht nun davon aus, dass folgende drei Hauptfaktoren für chronische Krankheiten verantwortlich sind:

Grundlage der BRT ist die Erkenntnis, dass der menschliche Körper von einem elektromagnetischen Feld umgeben ist.

1. die konstitutionelle Veranlagung des Menschen,
2. die parasitäre (bakterielle oder virale) Belastung, die dieser Konstitution entspricht, und
3. die zunehmenden Umweltbelastungen.

Diese Regulationstherapie regt die innere Natur des Menschen an, die Heilung zu übernehmen, und wird erfolgreich bei Allergien, Neurodermitis, vielen chronischen Erkrankungen, Menstruations- oder Hormonproblemen, Infektionsherden im Körper, bei Migräne, Schmerzen im Bewegungsapparat, bei Herz-Kreislauf-Problemen, Krebs und anderen Krankheiten eingesetzt.

Der Heilpraktiker testet mithilfe des Bioresonanzgerätes die individuellen Schwingungen des Patienten und die vorhandenen Störungen aus. Das gefundene Ergebnis wird anschließend elektronisch ins Spiegelbild verwandelt und als Therapieschwingung dem Patienten wieder zugeleitet. Das ist zwar zeitaufwändig, doch absolut schmerzfrei. In den folgenden Sitzungen werden mit dieser Frequenz die Störfelder behandelt (bestrahlt). Zusätzlich runden pflanzliche oder orthomolekulare Medikamente sowie Homöopathika oder spezielle Teerezepte zur Stärkung der Konstitution des Patienten die Therapie ab.

Für zu Hause empfiehlt sich meist zusätzlich die Anwendung eines »Digezappers« (Bezugsquellen siehe Anhang), der zur Vorbeugung, Verhinderung oder Behandlung von Krankheitserregern eingesetzt wird. Er greift Pilze, Viren, Bakterien, Parasiten, Würmer oder Egel an und tötet sie ab. Den Zapper sollte man täglich in die Hände nehmen, und zwar dreimal täglich jeweils sieben Minuten und dazwischen 30 Minuten Pause. Das Zappen zu Hause unterstützt die oben beschriebene Grundtherapie.

Pflanzliche oder homöopathische Medikamente runden die BRT ab.

Bei den meisten Krankheitsbildern ist eine monatelange Behandlungsdauer vonnöten. Bitte fragen Sie schon vor Therapiebeginn nach dem Stundensatz des Heilpraktikers, denn manche von ihnen liegen bei der Bioresonanztherapie auf sehr hohem Preisniveau. Die Firma Regumed (die Adresse finden Sie im Anhang) gibt Auskunft, welche Heilpraktiker in Ihrer Umgebung diese Therapieform anwenden und vor allem darin ausgebildet sind. Bücher und weitere Kontaktadressen finden Sie im Anhang.

Diät

Wassermänner brauchen immer wieder etwas Neues – auch beim Essen. Allerdings darf die Zubereitung nicht zu viel Arbeit machen. Wie wäre es mit einer Zitronendiät? Ganz Willensstarke können diese Diät drei Tage lang durchhalten. Es gibt sechsmal täglich ein Glas Zitronensaft: Drei Esslöffel frisch gepressten Zitronensaft mit zwei Esslöffeln Ahornsirup (aus dem Reformhaus oder Bioladen) vermischen und mit einem halben Liter stillem Mineralwasser aufgießen. Das wird dann ganz langsam, Schluck für Schluck, getrunken. Die Zitronendiät ist äußerst gesundheitsfördernd, denn der Körper wird mit Vitaminen und Mineralstoffen versorgt und erhält gleichzeitig einen kräftigen Energieschub.

Wassermänner sind neuen Diäten gegenüber immer aufgeschlossen, z. B. Zitronendiät.

Oder Sie kochen alternativ nach einer ganz besonders ausgefallenen Naturweise, z. B. nach der Ayurveda-Küche. Gute Bücher mit Anleitungen dazu sind im Heyne Verlag erschienen. Ein ayurvedisches Stärkungsmittel für Sie: 100 g Mandeln, 100 g Cashewnüsse, 100 g Kandiszucker und 50 g Anissamen, dazu 20 Körner schwarzer Pfeffer. Alles einzeln zerstoßen. Das Anispulver durch ein dünnes Musselintuch passieren. Dann alles mischen und in einen sauberen, trockenen Behälter geben. Täglich einen Suppenlöffel davon in heißer Milch verrührt trinken.

Noch ein Tipp: *Holunder* ist dem Wassermann zugeordnet. Er stärkt die Immunkraft, hilft bei Gefäßerkrankungen, Virusinfektionen, Rheuma und Nervenschmerzen und bei Verdauungsstörungen. Den Saft von Holunderblüten und -beeren oder Kapseln mit Holunderextrakt erhalten Sie im Reformhaus. Es muss schon etwas Besonders oder Ausgefallenes beim Wassermann sein. Recht haben Sie!

Elektromedizin

Unsichtbar umgibt uns alle das Magnetfeld der Erde. So sind die Polarlichter nur eine äußere Erscheinung vom Zusammenwirken der Sonnenstrahlung und des Erdmagnetfeldes. Auch Föhnwetterlagen und die weit verbreitete Wetterfühligkeit entstehen durch Resonanzen und Dissonanzen menschlicher und sphärischer Schwingungen. Wünschelruten (Wassermänner haben eine Begabung zum »Ruten«) reagieren auf unsichtbare »Erdstrahlen«; Zugvögel richten sich nach dem Magnetfeld der Erde, Delfine verständigen sich elektromagnetisch, Fledermäuse orientieren sich anhand abgestrahlter Ultraschallwellen – und auch wir Menschen sind bis in die kleinste Zelle hinein elektrisch-magnetische Wesen.

Wunden können mithilfe von Magnetfeldern besser heilen.

Lange Jahre waren Magnetismus oder die Wirkung von Magnetfeldern auf Lebewesen kein Thema. Der Wunderarzt und Theologe Franz Mesmer (1734–1815) heilte in Wien und Prag mit einem kleinen Permanentmagneten. Viele Jahre später wurde erst entdeckt, dass unter Magnetfeldern Wunden besser heilen. Im Jahr 1975 konnte endlich das Magnetfeld gemessen werden, das beim Denken im menschlichen Kopf entsteht. Heute können wir mithilfe der Magnetfelder in den menschlichen Körper hineinblicken.

Unser Organismus ist für elektromagnetische Impulse sehr empfänglich und reagiert darauf mit Kernresonanz. Unter schwachem Gleichstrom reduzieren sich Haut-, Lungen-, Leber- und Brustkrebs, schwache elektromagnetische Felder stärken das Immunsystem und verändern positiv die Fließeigenschaft des Blutes. Pulsierende Magnetfelder heilen Brüche und Pseudoarthrosen viel schneller als herkömmliche Methoden. Sie wirken stark schmerzstillend bei Arthrose, Knochenhautentzündungen, Bindegewebserkrankungen, Neuralgien und anderen Schmerzen. Am wirksamsten sind pulsierende Magnetfelder mit definiertem Nord- und Südpol, die stark und rasch anschwellen und erst langsam wieder abklingen.

Auch die anthroposophische Medizin hat sich der Magnetfelder angenommen, allerdings unter ganzheitlich-kosmologischen Gesichtspunkten. Der Patient wird hier nicht unter dauernde Magnetfeldeinwirkung gesetzt, sondern sein elektrisches System wird mit einem Permanentmagneten (Weleda-Medizin-Magnet) bestrichen und aktiviert (weitere Informationen finden Sie im Abschnitt »Magnetfeldtherapie«).

Der menschliche Organismus ist für elektromagnetische Impulse sehr empfänglich.

Bei der Elektro- oder Strahlenmedizin werden zur physikalischen Therapie am Menschen z. B. auch noch Hochfrequenzen, Ultraschall, Tens oder die Unisol-Lampe eingesetzt. Auf all dies spricht der Wassermann sehr gut an, denn dieses Forschungsgebiet unterstehen der Energie des *Uranus,* und der beherrscht dieses Zeichen ja ohnehin stark.

Tens (transkutane elektrische Nervenstimulation) ist eine Reizstromtherapie. Hier werden die unter der Haut liegenden Nervenfaser blockiert, damit die Schmerzimpulse nicht mehr weitergeleitet werden können. Die Therapie ist zudem durchblutungsfördernd und sehr wirksam einzusetzen bei chronischen Schmerzzuständen.

Die Bestrahlung mit dem Infrarot- und Ultraviolettlicht der *Unisol*-Lampe regt die Vitaminbildung an, unterstützt die Stoffwechselfunktionen, erhöht die Sauerstoffversorgung und stärkt die nervliche Aktivität.

Bei der *HFT* (Hochfrequenztherapie) erzeugt ein Gerät hochfrequente Wechselströme, die eine vermehrte Durchblutung der Gewebe bewirken und die körpereigene Wärme aktivieren. Nichts für Herzschrittmacher-Patienten!

*Die Elektro-
akupunktur
kommt ohne
Nadelstiche aus.*

Die *Elektroakupunktur* nach Voll (1909–1989) misst am Körper des Patienten die Akupunkturpunkte. Durch eine Punkt-
elektrode wird die Leitfähigkeit des Gewebes getestet. Bei
Skala 0–49 zeigt sie degenerative Vorgänge und energetische
Schwäche an, bei 50–70 ein stabiles und normales Verhalten
der Organe und bei 71–100 das Vorliegen von Entzündungen
und Organirritationen. (Mehr Infos zu dieser Therapie finden
Sie bei »Widder«, »Löwe« und »Schütze«. Weitere Empfehlungen finden Sie im Anhang unter »Elektrotherapie« oder
»Magnetfeldtherapie«.)

Farbtherapie

Sehr gut stehen dem Wassermann metallische Farben wie Eis-
blau, Eisblaugrün oder die Farbe des Blitzlichts (blitzlichtfarben).
Tragen Sie gerne *blaue Farbtöne,* dann haben diese immer mit
Ihren geistigen oder spirituellen Erlebnissen oder Erkenntnissen zu tun. Blau ist die Polarität zum emotionalen Rot und hat
etwas Kühles und Überlegenes. Das weiche, zarte Blau ist eine
typisch weibliche Farbe und symbolisiert seelische Entspannung und innere Gelöstheit. Blau steht für Ihre geistigen Ziele
und Einsichten, für Ihre Religiosität, Ihren Glauben oder Ihre
geistige Reife. In der Farbtherapie wirkt Blau antiseptisch,
kühlend und auch zusammenziehend. Es wirkt heilend bei
Schilddrüsenüberfunktion, Halsschmerzen, Entzündungen,
Fieber, Ohreninfektionen, geistiger Erschöpfung, Nervosität,
Koliken, hohem Blutdruck und leichter Erregbarkeit. Psychologisch weist Blau in die Weite, in die Ferne, in die Unendlich-
keit. Es symbolisiert Treue, Sehnsucht und Entspannung, aber
auch Hinwendung zum eigenen Inneren und aktiviert den
Rückzug zum Ich.

*Blau steht für Ihre
geistigen Ziele
und Einsichten.*

Farben gehören in der Behandlung von Krankheiten zu den
modernsten und sehr erfolgreichen Therapieverfahren. Farbimpulse werden am wirksamsten eingesetzt, wenn sie auf die
jeweiligen Akupunkturpunkte oder Energiezentren gerichtet
werden. Die Farbtherapie geht davon aus, dass die Frequenzen
von Zellen gestört sind. So verwendet man z. B.

◆ *Rotlicht* bei allen chronischen Erkrankungen und Durchblutungsstörungen;
◆ *Blaulicht* bei allen hitzigen und eitrigen Prozessen, bei
Nervosität, Schlaflosigkeit, Koliken, Blutungen, Entzündungen und Schmerzen;

◆ *Gelblicht* bei körperlicher oder geistiger Müdigkeit, bei Schwäche des Drüsensystems, bei Erkrankungen des Magen-Darm-Traktes, der Leber, der Blase und der Niere;

◆ *Grünlicht* bei Augenleiden, Bronchialkatarrh, Keuchhusten, Gelenkentzündungen, Gicht, Diabetes, Schwellungen und Knotenbildung.

Wenn Farbimpulse auf Akupunkturpunkte oder Energiezentren gerichtet werden, sind sie am wirksamsten.

Während die Farb- bzw. Lichttherapie zumeist das sichtbare Licht als Heilungsfaktor einsetzt, nutzt die Phototherapie sichtbares und nicht sichtbares Licht zur Behandlung von Tumorpatienten. Hier wird mit UV-Licht oberhalb 340 nm (UV-A1) bestrahlt und man kann Erfolge nachweisen: Die Zahl der T-Helfer-Zellen steigt, das Immunsystem des Kranken reagiert rascher!

Aber auch in der Psychologie spielen Farben eine große Rolle. Mithilfe von Farbtests kann man seine Persönlichkeit erforschen. Der bekannteste ist wohl der Lüscher-Farbtest, der mit acht Farben arbeitet: reines Gelb, helles Rot, Blaugrün, Dunkelblau (Indigo), helles Violett, mittleres Braun, Schwarz und mittleres Grau. Dieser Test gibt Aufschluss über Ihre Verhaltens- und Denkformen, die Sie sich durch Erziehung und Umwelt antrainiert haben, über unbewusste emotionale Strukturen, über Ihre Willenkraft, Ihre Handlungen, Ihre Erwartungen an sich und an das Leben und über Ihre Antriebe und Bedürfnisse. Das könnte sicher spannend für Sie sein!

Fitness

An Ideen und Freude an Bewegung mangelt es Ihnen ja nicht, doch Sport im Allgemeinen ist kein Hauptthema in Ihrem Leben, und Vereinsmeierei schon gar nicht. Sie sind ein wenig eigenwillig, doch Sie spielen auch gerne den Clown bei Ihren Freunden. Manch witzige Idee kam sicher von Ihnen. Sie könnten eine neue Sportart erfinden, denn alles Klassische oder Herkömmliche ist stinklangweilig für Sie. Sie könnten zwar Fußball- oder Handball spielen, aber, wie gesagt, nicht dauernd.

Sport interessiert Wassermänner nur, wenn er eine witzige Komponente hat.

Die Bundesliga-Statistik erweist sich allerdings aufschlussreich, denn um ein Spiel richtig zu öffnen, muss ein Wassermann aufs Feld. Doch bitte auf die linke Außenbahn, von da aus ist er am kreativsten. Klar, rechts ist ja normal und das kann jeder. Ab und zu Badminton wäre auch etwas für Sie.

In den olympischen Medaillenlisten tauchen Wassermänner nur selten auf. Sie sind einfach zu Höherem geboren. Manchmal findet sich ein Stabhochspringer, auch bei der Vierschanzentournee waren schon Wassermänner vertreten, und es gibt auch einige, die zwischen einem Zehnmeterturm und dem Wasser noch sechs Saltos und einige Pirouetten als Zugabe liefern. Alles, was ein wenig verrückt ist, gefällt dem Wassermann. Sport muss auf jeden Fall etwas Witziges oder Geistiges beinhalten, dann sind Sie dabei. Da wäre doch im Urlaub ein Reinkarnationstrip sicher spannend oder Sie suchen die ägyptischen Pyramiden nach ihren Kraftfeldern ab. Interesse an *Eutonie* (Wohlspannung)? Indem Sie Druck auf Tennisbälle, Bambusstäbe oder Reissäcke ausüben, trainieren Sie Ihr Gespür für Körperhaltung, Anspannung und Entspannung (nähere Infos im Internet: www.eutonie.com).

Kennen Sie schon die *Feldenkrais*-Methode? Die Idee des Begründers Moshe Feldenkrais liegt in der Annahme, dass Lernen auch immer etwas mit Körperbewegung zu tun hat. Unsere Bewegungsmuster sind ein Abbild unserer gesamten (auch geistigen) Haltung dem Leben gegenüber. Mit dieser These können Sie sich doch bestens identifizieren.

Mit dem Auflösen alter Bewegungsmuster lösen Sie auch alte Lebensmuster auf.

Größere Beweglichkeit in Körper, Geist und Seele zu erreichen (ganz sicher auch Ihr Lebensziel), schafft man am besten dadurch, dass man sich gewohnte Bewegungen bewusst macht und neue ausprobiert. Erst dies ermöglicht uns die Freiheit der Wahl zwischen gewohnten Bewegungsmustern und den neu entdeckten. Je mehr Möglichkeiten wir haben, uns mit Körper und Geist zu bewegen, desto flexibler werden wir auch. Nach Moshe Feldenkrais hat die Auflösung alter Bewegungsmuster zudem etwas mit der Auflösung alter Lebensmuster zu tun.

Eine Lektion könnte beispielsweise darin bestehen, das eigene Gewicht zu spüren. Dazu setzen Sie sich auf einen Stuhl und beobachten, was passiert. Wo spüren Sie Ihr Gewicht am meisten? Rutschen Sie etwas vor an den Rand, ohne sich am Stuhl anzulehnen. Was wollen Ihre Füße jetzt machen? Brauchen Sie Ihre Füße, um zu sitzen? Wenn Sie nun Ihr Gewicht ein wenig nach vorne und hinten verlagern, wann fühlt sich Ihr Bauch angestrengt und wann fühlt er sich frei an? An welchen Stellen Ihres Pos berühren Sie den Stuhl? Sind das unterschiedliche?

Machen Sie eine kleine Pause, denn es geht hier nicht um mechanische Wiederholungen. Lehnen Sie sich also ruhig zurück und geben Sie Ihr Gewicht an die Stuhllehne ab. Nach einer Weile können Sie wieder frei sitzen und sich von der Lehne lösen.

Feldenkrais-Kurse werden in vielen Volkshochschulen und Gesundheitszentren angeboten.

Galvanotherapie

Luigi Galvani (1737–1798) war italienischer Arzt und Natur-
forscher. Er entdeckte bei Versuchen mit Froschschenkeln die
nach ihm benannte galvanische Elektrizität. Wir kennen alle
das Galvanisieren, bei dem durch Elektrolyse ein Gegenstand
mit dünnen Metallschichten überzogen werden kann (Galva-
notechnik). Bei der Galvanotherapie erzeugen elektrochemi-
sche Stromquellen einen galvanischen Gleichstrom. Dieser
Strom ist jedoch völlig ungefährlich (auch im Wasser) und
sogar dem unseres Körpers sehr ähnlich.

*Die Galvano-
therapie ist durch-
blutungsfördernd.*

Die Galvano-Feinstromtherapie durchströmt den Körper mit
galvanischem Strom, bei dem ein Ionenfluss entsteht. Dadurch wird das ganze Nervensystem harmonisiert, Stauungen
im Energiefluss werden abgebaut, Gefäße nachhaltig erweitert und so die Durchblutung gefördert. Durch die vermehrte
Durchblutung werden aber auch die Gefäßwände wieder elas-
tischer und Ablagerungen darin abgebaut. Der galvanische
Strom bewirkt, dass die Selbstheilungskräfte im Körper wieder aktiv werden.

Aber auch bei chronischen Schmerzen hat sich diese Therapie
bestens bewährt, da hier nicht unterdrückt, sondern ein Hei-
lungsbeginn in Gang gesetzt wird. So ist der galvanische
Strom auch bei allen anderen Erkrankungen einsetzbar, weil
er vornehmlich die eigenen Heilungskräfte aktiviert.

Inzwischen gibt es ein batteriebetriebenes Gerät für den Heim-
gebrauch. Dem Gerät ist ein Anwendungsbuch mit genauen
Beschreibungen beigefügt; es kostet € 314,– und kann über
die Firma BIO Ritter Verlag und Versand (Adresse siehe
Anhang) bezogen werden. Das Buch von Herbert Sand zur
Galvanotherapie erhalten Sie ebenfalls beim BIO Ritter Verlag!

Geistige Heilenergien

Gerade wer sich mit der anthroposophischen Medizin tiefer auseinander setzt, erkennt ganz schnell, dass unserer rein naturwissenschaftlichen Medizin (Allopathie) etwas ganz Entscheidendes fehlt: die Spiritualität, die Ganzheit und der Dreiklang von Körper, Geist und Seele, der in allen Menschen wirkt. Nur dieses Eingebundensein in eine göttliche Ordnung, das harmonische Schwingen mit sich und der Umwelt, erzeugt Heilung oder Gesundheit. Deshalb ist es leicht zu verstehen, dass inzwischen die »östliche« Medizin unsere »westliche« erobert, denn meistens haben die östlichen Heilmethoden einen ganzheitlichen Ansatzpunkt.

Die fernöstlichen Heilmethoden haben einen ganzheitlichen Aspekt.

Unser Unterbewusstsein ist ein Multimegacomputer, der viel mehr weiß, als wir uns je bewusst machen können. Diese riesige Energiequelle steht uns sogar kostenlos Tag und Nacht zur Verfügung. Man muss sie nur anzapfen, und da sind viele Wege möglich. Sie könnten sich beispielsweise heilender Imaginationen oder Suggestionen bedienen (siehe hierzu auch die Abschnitte »Heilhypnose«, »Heilsuggestion« und »Katathyme Imaginationstherapie« bei »Krebs«; »Konzentratives Bewusstseinstraining« bei »Jungfrau«; »Autogenes Training« bei »Zwillinge« und »Waage«).

Doch Sie können sich auch an einen *Geistheiler* wenden. Seit vielen Jahren sind diese in England bei der Behandlung von Patienten zugelassen, arbeiten eng mit dem Arzt zusammen und sind dabei sehr erfolgreich. Geistheilung kann sowohl von außen geschehen, aber auch von innen aktiviert werden. Geistheilung funktioniert auch per Fernheilung. Und es gibt sogar Gruppen- oder Massenheilungen. Gute und seriöse Geistheiler finden Sie eher durch persönliche Empfehlungen.

Menschen, die diese Kräfte besitzen, werden kaum in der Zeitung inserieren.

Wer nach seriösen Adressen von Geistheilern sucht, wird im Buch von Robert Sebastian »Die neuen Heiler – Wo Kranke wirklich Hilfe finden« fündig. Gesundheitsberatung per Internet gibt's auch: www.lifeline.de.

Das Heilen mit *Gebet* oder mit »Hilfe aus dem Jenseits« hat eine alte Tradition. Wer sich für Heilgebete interessiert, sollte sich das Buch von Berthold A. Mülleneisen »Heilgebete – Spirituelle Kraft für Körper und Seele« besorgen. Dort sind erprobte Gebete zu finden, die gleichzeitig als Meditationstexte verwendbar sind (plus Kassette).

Heilgebete sind gleichzeitig als Meditationstexte verwendbar.

Auch *Schamanen* können einen Regenbogen ins Krankenzimmer zaubern oder in die Schattenwelt reisen. Doch auch an geheimnisvollen *Kraftorten* finden Heilungen statt.

Weitere Buchtipps und Kontaktadressen zur »Geistheilung« finden Sie im Anhang.

Heilatmung und -meditation

Die Arbeit der Atemtherapeuten mit ihrem psychosomatischen Ansatz hat sich Anfang des 20. Jahrhunderts aus verschiedenen Elementen der Gymnastik, der Psychotherapie und der fernöstlichen Heilmethoden entwickelt.

Beziehen Sie Ihre Heilatmungs-übung in Ihren Tagesablauf mit ein.

Probieren Sie doch mal die drei nachfolgenden Heilatmungen aus. Sie spüren selbst, mit welcher Methode Sie am besten zurechtkommen. Ihre persönliche Heilatmungsübung sollten Sie dann des Öfteren in Ihren Tagesablauf mit einbeziehen, denn Atmung ist für ein *Luftzeichen* wie Sie ein lebenswichtiges Elixier, das sie nicht nur für die körperlichen Funktionen benötigen; es ist ein Grundelement des Lebens, des Wohlfühlens, Brennstoff für Ihren Geist und wichtig für jede Form von Heilung.

Erste Übung

Um Lunge und Geist frei zu machen, um Platz zu schaffen für neue Kraft und neue Gedanken, atmen Sie etwa fünfmal konzentriert und hörbar durch den leicht geöffneten Mund aus. Beim Ausatmen denken Sie an alles, was Sie bedrückt oder was Ihnen Angst macht. Schicken Sie all das mit dem Atem nach draußen. Danach lassen Sie den Atem ohne Ihr Zutun frei durch die Nase wieder einströmen. Spüren Sie, wie sich Ihre Atmung von selbst reguliert. Diese Atemübung einige Minuten lang fortführen.

Zweite Übung

Legen Sie die Hände locker auf Ihren Bauch und atmen Sie ganz langsam, ganz tief und bewusst durch die Nase ein. Denken Sie dabei intensiv: *Ich atme Lebenskraft ein und werde stark.* Nehmen Sie sich etwa fünf Sekunden Zeit, um Ihre Lungen ganz zu füllen. Atmen Sie dabei in den Bauch und in die Flanken. Kontrollieren Sie mit den Händen, ob sich Ihr Bauch auch richtig vorwölbt. Halten Sie nun Ihren Atem ein bis fünf Sekunden an. Danach ganz langsam ausatmen, bis Ihre Lungen leer sind. Dann stellen Sie sich intensiv vor: *Was mich krank macht, geht hinaus!*

Dritte Übung

Drücken Sie Ihr linkes Nasenloch mit dem Finger zu. Atmen Sie nun langsam in vier bis fünf Sekunden ein. Halten Sie den Atem ca. vier Sekunden an. Schließen Sie jetzt das rechte Nasenloch und atmen Sie durch das linke wieder aus. Danach wiederholen Sie den Vorgang, atmen aber zunächst durch das linke Nasenloch ein, halten den Atem vier Sekunden an und schicken den Atem jetzt durch das rechte Nasenloch (das linke bitte zuhalten) wieder hinaus. Diese Übung sollten Sie fünf- bis zehnmal wiederholen; sie wirkt beruhigend und hilft oft hervorragend bei Kopfschmerzen, bei Ängsten, Depressionen oder Schlafstörungen.

Meditation ist ein sehr wirksames Antistressmittel.

Die *Meditation* diente immer spirituellen Zielen, doch heute wird diese Technik zunehmend auch von Medizinern und Psychologen als Heilmittel eingesetzt. Meditation ist zudem ein hochwirksames Antistressmittel; sie dient zur Anregung Ihrer Selbstheilungskräfte und aktiviert Ihre Selbstentfaltung.
Klinisch konnte längst nachgewiesen werden, dass bei einer Meditation viel weniger Sauerstoff verbraucht wird, Atmung sowie Herzschlag verlangsamt werden und dass Hirn, Muskeln, Organe und die Haut besser durchblutet werden.
Regelmäßige Meditation führt dazu, dass Sie in Ihrer Wahrnehmung wacher werden, jedoch gleichzeitig weniger Angst

verspüren, weil Sie sich selbst in einem besseren Licht sehen. Heilmeditationen wirken sich positiv aus bei psychosomatischen Erkrankungen, bei psychischen Störungen, neurotischen Fehlentwicklungen, bei hohem Blutdruck, Asthma, in Lebenskrisen, bei Herzbeschwerden, Magen-Darm-Erkrankungen und bei Schlafstörungen.

Heilmeditationen aktivieren Ihre Selbstheilungskräfte.

Wenn Sie Interesse an Meditationen haben, können Sie einen Kurs (bei Volkshochschulen o. Ä.) besuchen oder sich gute Bücher zu diesem Thema holen (siehe Anhang). Doch auch im Abschnitt »Wohlfühltag(e)« gehe ich noch mal vertieft darauf ein!

Heilsteine

Schon in der Steinzeit wurden die heilenden Eigenschaften bestimmter Steine erkannt. Die zwölf Grundsteine wurden den zwölf Tierkreiszeichen zugeordnet. Auch Hildegard von Bingen und Konrad von Magdeburg haben sich schon im frühen Mittelalter mit den heilenden Kräften der Steine befasst und ihre Erfahrungen überliefert.

Heilsteine und Mineralien sind von großer Bedeutung für unseren Körper. Sie wirken auf vielfache Weise und neutralisieren krank machende Einflüsse in unserem Organismus und in unserer Psyche. Edelsteine sind nicht nur bei Krankheit hilfreich, sondern sie besitzen starke vorbeugende Eigenschaften, und das ganz ohne Nebenwirkungen!

Natürlich ersetzen all die genannten Hilfs- und Heilmittel keinen Arzt und vor allem keine medizinische Diagnose. Bei akuten Erkrankungen sollten Sie immer zuerst Ihren Hausarzt aufsuchen!

Astrologisch werden dem Wassermann folgende Heilsteine zugeordnet: *Antimon(it), Apatit, Aquamarin, Coelestin, Rhodonit, kupferhaltiger Smithsonit* und *Türkis.* Diese Heilsteine sind auch Wassermann-Glückssteine!

Heil- und Glückssteine des Wassermanns: Aquamarin, Coelestin, Rhodonit.

Aquamarin

Der Aquamarin heilt vor allem Erkrankungen der Atemwege, hilft bei Hals- und Gliederschmerzen, bei Erkältungen, fiebriggrippalen Infekten, Stimmband- und Kehlkopfentzündungen. Legen Sie den Aquamarin über Nacht in ein Glas Wasser, erhitzen Sie dieses am nächsten Morgen und mischen Sie Kamille und etwas Zitrone dazu.

Unter das Kopfkissen gelegt oder als Kette getragen, beruhigt der Aquamarin die Nerven und beugt Erkrankungen der Lymphdrüse, der Thymus- und der Schilddrüse vor. Durch Nervenerkrankungen ausgelöste Krämpfe, Zittern oder Lähmungserscheinungen können durch das Tragen einer Aquamarinkette sehr gut vorgebeugt, gelindert oder gar geheilt werden. Außerdem bewahrt der Aquamarin vor Senilität, Knochensprödigkeit, Arterienverkalkung und Vergesslichkeit und bewirkt, dass das Altern in harmonischen Schritten vollzogen werden kann.

Der Aquamarin stärkt Ihr Treueverhalten; der Coelestin sorgt nach Schnittwunden für eine narbenfreiere Heilung.

Der Aquamarin ist zudem ein Hüter des endokrinen Systems und steuert so die Produktion der Hormone und Enzyme in den Drüsen. Er reguliert indirekt das Zusammenwirken der Körpersäfte mit den Organen und mit der Seele.

Psychologisch gesehen lindert er vor allem Depressionen, denn er kräftigt Ihr Selbstbewusstsein und behebt mangelnden Selbstausdruck in Ehe und Partnerschaft. Der Aquamarin stärkt Ihre Liebe und Treue in einer menschlichen Verbindung und bewirkt, dass Sie in schweren Zeiten zusammenhalten und sich unterstützen!

Farbe: ein helles Blau und durchscheinend.

Coelestin (Aqua-Aura)

Der Coelestin hilft sehr gut nach Operationen und Schnittwunden, denn er sorgt für bessere und narbenfreie Heilung. Bei inneren Verletzungen kann man den Aqua-Aura über Nacht in ein Glas Wasser legen und dieses Heilsteineelixier über den Tag verteilt schluckweise trinken.

Sehr gute Wirkung erzielt der Coelestin auch bei einer Harmonisierung der Regelblutung. Er lindert alle Unregelmäßigkeiten der Periode, übermäßige Schmerzen in dieser Zeit und etwaige seelisch bedingte Störungen. Durch den Coelestin finden Sie in oder vor der Periode zu mehr Ruhe und innerer Aus-

geglichenheit. Schon nach kurzer Zeit harmonisiert sich Ihre
Regel und auch die monatlichen Schmerzen werden immer
erträglicher (durch das Heilsteinewasser oder den Aqua-Aura-
Anhänger beziehungsweise die Aqua-Aura-Kette).
Psychologisch gesehen verbindet er Geist, Körper und Seele.
Sie spüren mehr inneren Einklang, mehr Harmonie, Freude
und Zufriedenheit. Coelestindrusen sind nicht nur wertvolle
Schmuckstücke für Ihr Heim, sondern schenken Ihnen eine
bisher nie gekannte Wärme, Liebe und Treue. Davon profitieren alle Familienmitglieder. Jungen Mädchen und Frauen
nimmt der Aqua-Aura seelisch bedingte Ängste und lindert
nervöse Störungen!
Farbe: Weiß, Weißblau bis durchscheinendes Blau.

Rhodonit

Der Rhodonit ist nach alter Überlieferung ein Schutzstein für
Reisende und bewahrt vor Gefahren in fremder Umgebung.
So stärkt er auch die Lunge und die Atemwege und schützt vor
Verschleimungen und asthmatischen Erkrankungen der Bron-
chien. Durch seine schützende Funktion auf die Lunge und das
Herz-Kreislauf-System bewirkt der Rhodonit einen besseren
Stoffwechsel. Nicht nur das Gehirn, das Rückenmark und das
zentrale Nervensystem werden aktiviert, sondern es ent-
wickelt sich auch mehr Widerstandskraft gegen Umweltein-
flüsse. Durch seinen hohen Kalzium-Mangan-Gehalt hat er
auch sehr festigende Wirkung auf die Knochen und verhindert
Sprödigkeit am gesamten Skelett und in den Gehörgängen. Er
schützt vor Schwerhörigkeit und stärkt das Nervensystem.
Psychologisch gesehen gibt er Ihnen Kraft, Veränderungspro-
zesse besser zu bewältigen. Er schenkt mehr Freude und
Zuversicht für den neuen Lebensabschnitt, mehr Offenheit,
Selbstverwirklichung und Herzenswärme im Alltag. Bei Prü-

*Durch den Rhodo-
nit entwickeln Sie
mehr Wider-
standskraft gegen
negative Umwelt-
einflüsse.*

fungen verhindert er Lernblockaden (vor allem bei Kindern und Jugendlichen). Hier empfehlen sich in erster Linie Rhodonitketten mit nur wenig schwarzen Anteilen!

Farbe: Rosa mit dunklen oder schwarzen Einlagerungen.

Pflege der Heilsteine

Heilsteine, die ständig in Gebrauch sind, sollten mindestens einmal monatlich entladen und neu aufgeladen (gereinigt) werden. Doch nur die wenigsten vertragen ein Wasserbad. Die meisten Heilsteine sind als Trommelstein, Handschmeichler, als Rohstein, Donut, Anhänger, Kette oder Pyramide erhältlich. Zum Entladen genügt eine Hand voll Hämatit-Trommelsteine, in die Sie die Heilsteine über Nacht legen. Aufladen können Sie die Steine am besten in einer Schale mit Bergkristall-Trommelsteinen oder in einer Bergkristallgruppe, die in der Wohnung aufgestellt zudem äußerst dekorativ aussieht.

Trommelsteine sind einfach zu pflegen: Sie werden über Nacht in Erde vergraben (in Blumentöpfe, Pflanztröge oder im Garten), am nächsten Tag kurz unter lauwarmem Wasser abgespült und vormittags in der Sonne (nie in der heißen Mittagssonne) aufgeladen. Selbst wenn es bewölkt, bedeckt oder regnerisch ist, legen Sie die Heilsteine ein bis zwei Stunden an geschützter Stelle an die frische Luft (ein Fensterbrett kann dafür schon genügen). Buchtipps und Bezugsquellen finden Sie im Anhang.

Heilsteine sind »wortlose« Helfer.

Homöopathie

Vor ca. 200 Jahren wurde die Homöopathie als die Kunst des naturgesetzmäßigen Heilens von dem Meißener Arzt Samuel Hahnemann begründet. Die Idee der Homöopathie lässt sich allerdings bis in die Ursprungsgeschichte der Menschheit zurückverfolgen. Diese Heilkunst funktioniert nach dem Grundsatz: »Ähnliches wird durch Ähnliches geheilt!« Hahnemann erkannte, dass Krankheit nichts anderes ist als die Verstimmung des »Lebenskräftewaltens«. Etwas, das unserem Bewusstsein fehlt (»Was fehlt Ihnen denn?«), wird durch ein Krankheitszeichen zum Ausdruck gebracht. Diese fehlende Information kann uns die Homöopathie wieder geben. Da Ähnliches mit Ähnlichem und nicht Gleiches mit Gleichem geheilt wird, muss die Information, die ein Heilmittel in sich trägt, für den Patienten verfeinert werden. Hoch aufbereitet, kann das Heilmittel Licht ins Dunkel bringen. Die fehlende Information wird im Bewusstsein aufgenommen und der in die Körperlichkeit gefallene Bereich wird auf eine höhere Ebene transformiert.

Der Grundsatz der Homöopathie lautet: Ähnliches mit Ähnlichem heilen.

Wie die Liebe, so ist auch die Homöopathie eine immaterielle Kraft auf höchster Schwingungsebene. Wer sich eine homöopathische Hausapotheke zulegen will, sollte sich geeignete Fachbücher holen und dabei anfangs mit niedrigeren Potenzen arbeiten.

Homöopathika wirken trotz ihrer hohen Verdünnung vor allem im zellmolekularen Bereich, denn sie können in unser menschliches Zentralnervensystem eintreten, ohne »anklopfen« zu müssen.

Die nachfolgende Zuteilung ersetzt auf keinen Fall die Anamnese durch einen geschulten Homöopathen. Nur in einem zweibis dreistündigen Anamnesegespräch kann dieser Therapeut das für Sie zurzeit richtige Konstitutionsmittel herausfinden! Homöopathische Mittel, die dem Wassermann astromedizinisch zugeordnet werden: *Asthma-Nosode, Colocynthis, Hypericum, Ignatia, Glonoinum, Magnesium, Phosphorus, Radium, Rhododendron, Tetanus-Nosode, Ulcus-cruris-Nosode* und *Zincum.*

Colocynthis

Das Homöopathikum wird aus den reifen, geschälten, entkernten Früchten der Koloquinte (Bitterapfel) hergestellt und vor allem bei starker Verärgerung und Wutausbrüchen oder bei Koliken eingesetzt. Am besten sprechen hellhaarige und hellhäutige Menschen darauf an.

Ihr Geburtshoroskop zeigt körperliche Schwachstellen und das passende Mittel auf.

Seelisch-geistig hilft Colocynthis oft bei Wut, Zorn, Empörung, extremer Reizbarkeit oder bei heftiger Verlegenheit infolge beleidigender Bemerkungen.

Das Mittel hilft körperlich häufig bei Kopfschmerzen, die sich durch Wärme oder Druck bessern, bei Trigeminusneuralgie, bei Magenschmerzen mit Brechreiz und Erbrechen, plötzlich einschießenden Schmerzen um die Nieren oder an den Eierstöcken, bei Ischiasschmerzen, Gicht und Rheuma, bei starken Unterleibsschmerzen, die besser werden, wenn man sich auf die Seite legt und die Knie bis zum Kinn anzieht, bei krampfartigen Unterleibsschmerzen mit Durchfall.

Ignatia

Das Homöopathikum wird aus den reifen, getrockneten Samen der Ignatiusbohne zubereitet. Das Mittel hilft geistig-seelisch oft bei rasch wechselnder Gemütsverfassung, bei Furchtsamkeit, bei Angst vor dem Ausgehen alleine, bei plötzlichen Tränenausbrüchen, bei Neigung zu Selbstmitleid oder

Hysterie, bei der Neigung, leicht schockiert bzw. emotional überdreht zu werden, bei der Unfähigkeit, Wut und Zorn angemessen auszudrücken, bei Geräuschempfindlichkeit und bei der Unfähigkeit, sich aufs Arbeiten zu konzentrieren.

Ignatia hilft körperlich häufig bei hämmernden Kopfschmerzen (als würde ein Nagel seitlich in den Kopf getrieben), bei Ohnmachtsanfällen in engen Räumen, bei Schluckauf oder krampfartigem Aufstoßen, bei Fieber mit großem Durst und Schüttelfrost, bei rotem Gesicht, das sich jedoch kühl anfühlt, bei Entzündung, die bei festem Druck besser wird, bei Schmerzen, die sich auf ein eng umgrenztes Gebiet konzentrieren, bei Atemnot, bei Halsweh, das bei Genuss fester Nahrung besser wird, bei dem Verlangen nach ungewöhnlicher Nahrung, wenn man krank ist, bei Gier nach Saurem oder nach säuerlichen Nahrungsmitteln, bei Schmerzen im Oberbauch, Übelkeit und Erbrechen, die sich durch Essen bessern, bei Krämpfen im Rektum oder bei Afterprolaps, bei schmerzhaften Gebärmutterkrämpfen während der Menstruation. Die genannten Symptome bessern sich meist durch Essen, Wasserlassen oder festen Druck!

Die Grundanamnese und ein offenes Gespräch sind unerlässlich.

Wie erhalte ich die richtigen homöopathischen Mittel?

Homöopathie ist ein umfangreiches Wissensgebiet, das viele Jahre Studium erfordert. Sie sollten sich deshalb nur an einen Homöopathen Ihres Vertrauens wenden, besonders bei Behandlung mit hohen Potenzen und als Konstitutionsmittel. Die Grundanamnese bei chronischen Krankheiten erfordert einige Stunden Zeit. Wie der Schlüssel ins Schloss, so muss auch in der Homöopathie jede Arznei zur Krankheit und zum kranken Menschen passen. Hat der Behandler jedoch das Mittel der Wahl gefunden, so ist ganzheitliche Heilung möglich (Buchtipps und Kontaktadressen finden Sie im Anhang).

Indianerritual zum Aufladen der Luftenergie

Diese Übung verhilft Ihnen, negative Gedanken schneller loszulassen und frische, anregende Luftenergie aufzutanken. Daher sind der Morgen und der Abend für diese Übungen besonders geeignet. Den größten Effekt erzielen Sie, wenn Sie die Luftübung im Freien ausführen können, denn als Luftzeichen brauchen Sie ohnehin mehr Sauerstoff als andere Menschen:

Mit dieser Übung können Sie sich schnell von negativen Gedanken befreien.

1. Atmen Sie, während Sie spazieren gehen, ganz bewusst ein. Fühlen Sie, wie frische Luft in Sie einströmt und Ihren Kopf klarer macht. Zählen Sie sowohl beim Ein- als auch beim Ausatmen bis vier.

2. Während Sie langsam ausatmen (bis vier zählen), lassen Sie alle Gedanken ziehen. Lassen Sie bewusst los, was Ihnen in den Sinn kommt. Alle Gedanken, ob positiv oder negativ, alle Sorgen, Zweifel, Ängste oder Probleme.

3. Atmen Sie jetzt wieder bewusst ein und spüren Sie, wie Sie sich leichter fühlen. Stellen Sie sich vor, Ihr Kopf sei ein Haus, bei dem alle Türen und Fenster weit offen stehen. Eine sanfte Brise weht durch dieses Haus.

4. Während Sie ausatmen, sehen Sie vor Ihrem geistigen Auge, wie die sanfte Brise alle Gedanken wie Staub aus Ihrem Haus hinausbläst. Danken Sie der Luftenergie dafür, dass sie Sie unterstützt und stärkt.

Fahren Sie mit diesen Atemübungen während des Gehens fort, z. B. auf dem Weg zur Arbeit, zum Bus oder zur U-Bahn, bis Sie das Gefühl haben, einen völlig klaren Kopf zu haben, und spüren Sie die Leichtigkeit, mit der Sie jetzt gehen.

Lasertherapie

Die hochmodernen Laser unterstehen dem Energiefeld des *Uranus* (Ihrem »Hausherrn«), und so spricht die Lasertherapie alle Menschen an, die ihren Aszendenten, die Sonne oder Planeten im Wassermann bzw. im elften Haus des Geburtshoroskops besitzen oder starke Uranus-Aspekte zu anderen Planeten aufweisen. Wenn man das englische Wort *Laser* übersetzt, dann heißt es »Lichtverstärkung durch stimulierte Emission«. Erst 1960 entwickelte der Amerikaner T. H. Maiman den ersten Laser für wissenschaftliche und militärische Zwecke. Da man schnell bemerkte, dass geringe Lichtmengen eine Heilwirkung entfalten, setzte man den Laser sehr bald auch medizinisch ein.

Laserstrahlen dringen in tiefe Gewebeschichten vor und wirken so als Reiz auf die Zellen.

Laserstrahlen dringen in tiefe Gewebeschichten, ohne diese zu zerstören, und wirken so als Reiz auf die Zellen. Der Laser verändert somit die elektrische Leitfähigkeit der Haut, er beeinflusst positiv den Zellstoffwechsel, wirkt virus- und entzündungshemmend, schmerzlindernd und immunstärkend. Der Schmerzmittelbedarf wird bei HWS-, LWS- und Spannungskopfschmerzen deutlich niedriger.

Chirurgisch kann man mit dem Laser (seine Leistung liegt dort im Watt-Bereich) gut- oder bösartige Tumore, Steine u. Ä. gezielt entfernen oder die Netzhaut im Auge damit festschweißen. Auf der Haut lassen sich mit diesem Gerät Narben, Tätowierungen oder rote Äderchen entfernen. In der Naturheilkunde wird vor allem der *Softlaser* zur schmerzfreien Reiztherapie eingesetzt. Diese Laserstrahlen legen im Bereich von 50 bis 150 mW und sie werden vor allem zur Wundheilung verwendet oder bei Arthrosen eingesetzt. Auch eine Laserakupunktur ist damit schmerzlos durchzuführen.

Magische Rituale der Hexenkunst

An Ideen mangelt es Ihnen als Wassermann-Persönlichkeit sicherlich nicht. Doch welchen Ihrer Einfälle Sie aber verwirklichen sollen, bringt Ihren unruhigen Geist bisweilen zur Verzweiflung. Dann fällt Ihnen das Einschlafen schwer, weil das Hirn immer noch eine Hochseilakrobatik vollführt. In einem solchen Fall hilft womöglich ein Konzentrationsritual der alten Hexen.

Beginnen Sie den Tag mit einem Konzentrationsritual.

Bauen Sie sich in einem ruhigen Raum auf einem kleinen Tisch, einer Anrichte o. Ä. einen kleinen Altar auf. Verwenden Sie eine hellblaue oder meerblaue Tischdecke (alternativ blaue Papierservietten), stellen Sie drei blaue Kerzen auf, wenn Sie zwischen drei Varianten auswählen sollen, und zwei blaue Kerzen, wenn zwei unterschiedliche Wege oder Entscheidungen anstehen. Schreiben Sie die jeweilige Version auf einen Zettel und legen Sie diese unter die Kerzen. Schön wäre natürlich auch noch ein Blumenstrauß oder -stock (am besten mit blauen Blüten) und der Duft eines guten Aromaöls im Raum. Wer will, kann zusätzlich mit Räucherstäbchen schlechte Energien vertreiben oder seinen Geist inspirieren (erhältlich auch bei Magic Discount, siehe im Anhang unter »Amulette«). Ziehen Sie den Stecker aus der Telefondose und stellen Sie die Türklingel ab. Ihr Ritual wird noch besser gelingen, wenn Sie vorher einige Atemübungen an frischer Luft machen konnten.

Setzen oder legen Sie sich vor Ihren kleinen Altar und beginnen Sie entweder mit ein paar Übungen des autogenen Trainings (siehe den Abschnitt dazu). Wer will, kann auch leise Musik im Hintergrund laufen lassen, doch die Töne sollten friedlich und beruhigend sein (kein Rock, Pop o. Ä.). Wenn Sie

ruhig geworden sind, dann stellen Sie sich bildlich vor, wie Sie
auf einem hohen Aussichtsturm die Welt unter sich betrach-
ten. Wenn Sie wollen, können Sie als Vogel in den Lüften
schweben oder vielleicht auf einem hohen Berg stehen. Die
Luft ist dort klar und rein und Ihre Gedanken werden immer
ruhiger.

Bitten Sie einen Ihrer Schutzengel oder die »höhere Führung«
um Hilfe bei Ihrer Entscheidung und Ihre »innere Stimme« um
eine klare Antwort auf Ihre innere Frage. Wenn Sie einen Bergkristall besitzen, sollten Sie ihn während des Rituals in die
linke Hand nehmen. Je länger Sie diese Ruhe beibehalten können, umso besser. Je nach Stimmung und Gefühl können Sie
diese Übung am nächsten Tag wiederholen. Achten Sie auf
Ihre Träume und legen Sie sich vorsichtshalber Stift und Papier
neben das Bett. In wenigen Tagen müsste die Antwort kommen.

Achten Sie nach dem Konzentra-tionsritual auch auf Ihre Träume.

Mit dem Pendel Geübte können auch nach einem Konzentra-
tionsritual das Pendel abwechselnd jeweils über einen der Fragezettel halten. Schlägt es vertikal (quer) zu Ihrem Körper,
dann heißt das *Nein*, schlägt es in gerader Richtung auf Ihr
Herz zu, dann wäre dies ein klares *Ja*. Ist die Antwort eindeutig, verbrennen Sie sofort Ihren Fragezettel und danken für die
Unterstützung »von oben«.

Gute Hexen erkennt man schon am Geburtshoroskop. Meist
finden sich auffällige *Mond-* oder *Venus*-Aspekte; viele besitzen eine Energieballung im vierten, achten oder zwölften
Haus (alternativ im Krebs, Skorpion oder Fische) – andere weisen deutliche *Pluto*-Aspekte auf. Wer individuelle Hexenritua-
le braucht, kann sich an mich wenden.

Zu Hexenbünden (Konvents) sind inzwischen auch Männer zugelassen, das haben sie der Emanzipation der Frauen zu verdanken.
Mehr Infos finden Sie auch unter www.hexen-online-org!

Magnetfeldtherapie

Durch die Magnetfeld- therapie wird die Sauerstoffzufuhr im Körper angeregt.

Wir Menschen wären ohne den Einfluss des Erdmagnetfelds nicht lebensfähig. Das natürliche Magnetfeld der Erde durchdringt unseren Körper bis hin zur kleinsten Zelle. Durch das Einwirken des Magnetfelds steigt der Stoffwechsel einer Zelle messbar an. Zum einen fördert die bessere Sauerstoffzufuhr die Hormonbildung, zum anderen erfolgt durch die Entquellung der Endothelzellen eine Beschleunigung des Abtransports von Schlackenstoffen. So garantiert uns das elektromagnetische Feld der Erde die Versorgung unseres Körpers mit Sauerstoff.

Doch unser Erdmagnetfeld wird inzwischen von anderen Wechselfeldern (Elektrosmog u. Ä.) überlagert und dadurch empfindlich gestört. Das Magnetfeld der Erde hat leider in den vergangenen 500 Jahren um 50 Prozent an Intensität verloren und wird weiter an Feldstärke abnehmen. Deshalb verliert unser Organismus immer mehr die physikalische und natürliche Grundlage, mit genügend Sauerstoff versorgt zu werden.

Seit ca. 30 Jahren wird die Magnetfeldtherapie in klinischen und ärztlichen Bereichen zur Therapie eingesetzt. Während in der Anfangszeit nur schlecht heilende Frakturen behandelt wurden, erstreckt sich die Indikationsliste für moderne Magnetfeldsysteme inzwischen auf ein weit größeres Spektrum: Osteoporose, Morbus Sudeck, rheumatischer Formenkreis, Arthrosen, Diabetes, Herz-Kreislauf-Erkrankungen, Durchblutungsstörungen, Blasen- und Nierenerkrankungen, Entzündungen aller Art, Verspannungen, Allergien, Frakturen, Schwellungen, Prellungen, Schmerzen im HWS/LWS-Bereich, Bänderzerrungen und Schlafstörungen.

Neueste medizinische Studien belegen sogar eine Erhöhung des körpereigenen Melatoninspiegels unter Einfluss von pulsierenden magnetischen Feldern. Melatonin regelt unsere Schlaf- und Wachphasen, stimuliert das Immunsystem und hemmt das Wachstum von Krebszellen. Dieser Botenstoff kann auch die Altersuhr des Zellstaates zurücksetzen und Zerstörungen einzelner Zellen revidieren. Nebenwirkungen sind bis dato keine bekannt.

Ein Schmerzmagnet für Ihre Eigentherapie ist im Abschnitt »Elektromedizin« ausführlich beschrieben.

Bernd Dost schreibt in seinem Buch »Heilung durch ganzheitliche Medizin«: »Die Magnetfeldtherapie ist einer der ganz großen Schlüssel zur ganzheitlichen Heilung des Menschen.« Diese Therapiemethode wird immer mehr in Kliniken, in den Praxen von Ärzten und Therapeuten angewandt. Inzwischen gibt es auch Magnetfeldmatten für den Heimgebrauch. Weitere Infos finden Sie zu diesem Thema im Anhang.

Die Magnetfeldtherapie strebt eine ganzheitliche Heilung beim Menschen an.

Orgontherapie

Wilhelm Reich, 1897 in Galizien geboren, studierte Medizin in Wien, war klinischer Assistent bei Sigmund Freud und erwarb sich umfassende Kenntnisse in Neurologie und Psychiatrie. Er erkannte, dass sich alle erlittenen Demütigungen und Demontagen in unserem Körper abbilden.

Seelische Verletzungen können sich in chronischen Muskelverspannungen äußern.

Seelische Verletzungen, die ein Mensch erfährt, aber auch die Angst vor dem Durchbruch von Emotionen wie Lust und Wut äußern sich in chronischen Muskelspannungen, einem *Muskelpanzer*. Ein Muskel behält seinen Groll; Muskelpanzer sind demnach Ausdruck durchlebter Gefühle und daher gebundene Energie. Diese gebundene Energie wiederum ist verantwortlich für zahlreiche, wenn nicht sogar für alle chronischen Krankheitsbilder. Erst wenn die Panzerung durchbrochen werden kann und die Energien sich lösen, kann Heilung eintreten. Reich fand diesen Weg zur Gesundung: Er versuchte die Muskel- oder Charakterpanzerung über den Körper direkt aufzudecken und wurde so zum Urvater aller modernen Körpertherapien. Reichs Methode, die unbewussten, unwillkürlichen Lebensvorgänge anzugehen, wurde lange Jahre belächelt; erst heute geht die Saat seines ungewöhnlichen Denkens auf. Viele alternative Therapien, wie z. B. Bioenergetik, Biodynamik, Biosynthese oder Psychokinesiologie wurden direkt oder indirekt von Reich beeinflusst. Auch die Gesprächs- und Gestalttherapie, die Urschreitherapie und das holotrope Atmen sind Wege, die Reich vor vielen Jahren schon vorgezeichnet hatte. Die Physiologin Ida Rolf entwickelte eine tief in Muskeln und Sehnen eingreifende Massagetechnik (Rolfing), die psychisches Material zutage fördert und so Erleichterung bei psychosomatischen Erkrankungen und Angstzuständen schafft und das Selbstbewusstsein und Selbstvertrauen stärkt. Auch das pädagogische Konzept Moshe Feldenkrais' (siehe den Abschnitt über »Fitness«) verbessert die Funktionen von Geist und Körper.

In Deutschland wurde Reichs Erbe in den »Wilhelm-Reich-Blättern« bewahrt; es existiert heute das »Wilhelm-Reich-Institut für Interdisziplinäre Therapie und Beratung e. V.«, das die Zeitschrift »Lebensenergie« herausgibt.

Unser Bewusstsein kann also, indem es bestimmte Muskelzellen in einem »heißen Zustand« hält, Erinnerungen im Sinne einer Abwehr im Körper festhalten. Diese Panzerung entzieht uns jedoch permanent Lebensenergie – und wir beginnen zu leiden. Diese Biopathien sind demnach die Folge einer Grundstörung des Organismus, einer Grunderkrankung des Lebendigen.

Chronische Muskelverspannungen entziehen dem Menschen die Lebensenergie.

Reich setzte die von ihm gefundene Orgontherapie direkt ein in Form des so genannten »Orgonakkumulators«. Ein mit Eisenblech und organischem Material ausgekleideter, mannshoher Kasten »verdichtet« die Orgonenergie so sehr, dass sie positive biologische Wirkung auf den lebenden Organismus hat. Damit erzielte Reich zwar Erfolge in der Krebsbehandlung, doch seine Kritik an der lebensvernichtenden Gesellschaft und seine Veröffentlichungen machten ihn in den 50er-Jahren des vergangenen Jahrhunderts in den USA zum allseits gehassten Buhmann. Das amerikanische Bundesgesundheitsamt zitierte Reich vor Gericht, doch er erschien nicht. Daraufhin verurteilte man ihn wegen Missachtung des Gerichts zu einer Haftstrafe; seine Bücher und Apparate wurden verbrannt und zerstört. Im November 1957 fand man Wilhelm Reich tot in seiner Zelle.

Ein moderner Orgonstrahler ist sowohl für Therapeuten als auch für Selbstbehandler entwickelt worden. Er kann nicht nur zur Vorbeugung und Erhöhung der Abwehrkraft bei Mensch und Tier eingesetzt werden, sondern auch zu gezielter Behandlung bei nahezu allen Erkrankungen:

1. durch Direktanwendung bei sich selbst oder beim Patienten,

2. durch die Anwendung nach dem Radionikprinzip, wobei die Energie auf nicht anwesende Personen oder Tiere mittels eines Fotos, einer Haarlocke oder eines Blutstropfens übertragen wird, oder

3. durch Energie- und Informationsübertragung auf andere Träger wie z. B. Kochsalzlösung, destilliertes Wasser oder Aluminiumfolie.

Zwischen blockiertem Energiefluss und körperlichen Leiden besteht ein Zusammenhang.

Alle drei Therapiearten können miteinander kombiniert werden. Eine noch viel tiefere Form als die eben geschilderte ist die *physikalische Orgontherapie* inklusive der medizinischen Anwendung des Reich'schen Orgonakkumulators. Die medizinische Orgontherapie ist die Anwendung physikalischer Orgonenergie, konzentriert in einem Akkumulator, um die natürliche, bioenergetische Widerstandsfähigkeit des Organismus gegen Krankheiten zu steigern und indizierte Krankheitszustände zu behandeln. Sie wurde schon bei Krebserkrankungen verschiedenster Art eingesetzt, bei Depressionen, chronischer Erschöpfung, Müdigkeit, Wundheilungen, Verstauchungen, bei entzündlichen Prozessen und Infektionen, Hauterkrankungen, Schmerzen und Spasmen, bei rheumatischen Erkrankungen, Herzkrankheiten, Diabetes mellitus, Lungen-Tbc, Schlafstörungen, Ohrgeräuschen und diversen Immunmangelsyndromen.

Zwar arbeiten in der Regel nur Orgontherapeuten mit dem Orgonakkumulator, doch auch die Selbstbehandlung ist für Interessierte möglich. Der Aufbau eines Orgonakkumulators stellt für Bastler kein Problem dar. Die körperlichen Harmonisierungen sind im Laufe der Zeit auch klinisch nachweisbar.

Eine weitere interessante Form ist die *psychiatrische Orgontherapie*, bei der alle Therapeuten eine Qualifikation in Psychotherapie vorweisen müssen. Hier versucht man in einem längeren Prozess, die »Panzerung«, die körperliche und emotionale Hemmung des freien Energieflusses, Stück für Stück aufzulösen. Die Arbeit an den einzelnen Segmenten der Panzerung wird mittels diverser Therapien unterstützt: Hypnosystemische Therapie, klassische Hypnose, tiefenpsychologisch fundierte Psychotherapie, Körpertherapie (Orgontherapie nach Wilhelm Reich), Psycho-Traumabehandlung, Paar- und Sexualtherapie, autogenes Training, progressive Muskelentspannung und weitere körper- und lösungsorientierte Verfahren und Selbsthilfetechniken (Informationen finden Sie unter »Orgontherapie« im Anhang, Dr. med. D. Fuckert, Waldbrunn).

Die Orgontherapie kann Ihre Lebensenergie wieder zum Fließen bringen.

Die Orgontherapie weist nach, dass es zwischen Panzerung, blockiertem Energiefluss und der Entstehung körperlicher Symptome eine Beziehung gibt. Dass emotionale Störungen einen Großteil der klinischen Symptomatologie ausmachen, wird sogar heute von den Medizinern anerkannt. Es gibt kaum einen pathologischen Zustand, der nicht sein emotionales Korrelat hat. Auch in der Orgonomie wird der Patient als Organismus im energetischen Fluss betrachtet. Körperliche Symptome sind immer Zeichen eines unterbrochenen Energieflusses. Die Hemmung im Energiefluss ist eine Folge der Panzerung. und dies fordert ein körperliches Symptom.

Fazit: Die Orgontherapie kann Sie wieder in Fluss bringen!

Orthomolekulare Therapie

Die Orthomolekulare Medizin (= Medizin der richtigen Moleküle) geht auf den Biochemiker und »Vitamin-C-Papst« Linus Pauling (1901–1994) zurück. Sie bewirkt die Erhaltung guter Gesundheit und behandelt die Krankheiten durch Veränderung der Konzentration von Substanzen im menschlichen Körper. Sie basiert auf folgenden Punkten:

Der Mensch benötigt ca. 45 lebensnotwendige Nährstoffe.

◆ Kenntnis der biochemischen Wirkung unserer Nahrung, von Umwelteinflüssen, körperfremden Substanzen sowie von so genannten Stresssituationen auf das Gleichgewicht des Mineralstoff-, Spurenelement-, Aminosäure-, Fettsäure- und Vitaminstoffwechsels.

◆ Deckung des Nährstoffbedarfs mittels gezielter Ernährung und Gabe von Nährstoffsupplementen. Die darin enthaltenen Mineralstoffe, Spurenelemente, Vitamine, Amino- und Fettsäuren sowie Enzyme werden zur Nahrungsergänzung oder zur Korrektur von Nährstoffungleichgewichten (z. B. bei Mangelzuständen oder erhöhten Werten) eingesetzt.

Es ist wissenschaftlich längst erwiesen, dass kein Mensch in einer so perfekten Umwelt lebt, dass für ihn alle 45 lebensnotwendigen Nährstoffe in der richtigen Menge und im richtigen Verhältnis im Organismus vorhanden sind. Den Mangel an Nährstoffen kann man im Blutserum, im Vollblut, im Urin oder Haar nachweisen. Chronische Erkrankungen entstehen oft durch eine übermäßige Bildung freier Radikale. Hier können Antioxidantien (Vitamin A, E und C) die aggressiven Moleküle unschädlich machen. Enzyme helfen ebenfalls bei akuten und chronischen Entzündungen.

Omega-6-Fettsäuren helfen sehr gut bei Akne vulgaris, Allergien, Alkoholismus, Ekzemen, prämenstruellem Syndrom, bei Hypertonie, erhöhten Cholesterin- und Triglyceridwerten, bei Diabetes, Entzündungen, im Anfangsstadium der multiplen Sklerose, bei Übergewicht oder Schizophrenie.

Vitamin C hat fast jeder Körper zu wenig. Es hilft sehr gut bei Infektionen aller Art, bei Zahnfleischbluten, Zahnverlust, Parodontose, Müdigkeit, gestörter Wundheilung, Depression, bei Schwermetallbelastung, bei rheumatischen Erkrankungen, bei Vitamin-C-Mangel durch Rauchen und bei Verstopfung.

Bei chronischen Erkrankungen helfen die Vitamine A, E und C.

Zink hilft sehr gut bei Akne vulgaris, Anämie, Ekzemen, Wundheilungsstörungen, Verbrennungen, Psoriasis, Haarausfall, Infektionsanfälligkeit, Diabetes mellitus, Prostataerkrankungen, Wachstums- und Fertilitätsstörung, Corpus-luteum-Insuffizienz, Impotenz, Gewichtsregulierung (Fettleibigkeit), bei weißen Flecken auf den Fingernägeln, Geruchs- und Geschmacksverminderung, Arthritiden, bei Alkoholismus, Postpartumdepressionen, bei zu hohem Kupferspiegel durch Östrogen, Pille, Spirale; bei bestimmten Psychosen, Hyperaktivität und Schwermetallbelastungen.

Wie bekomme ich die Nährstoffsupplemente?

Sie können sich selbst mittels geeigneter Fachlektüre informieren, welche der Nährstoffe für Sie speziell günstig sind. Apotheken führen ein reichhaltiges Angebot, aber auch Reformhäuser bieten Nährstoffsupplemente an. Achten Sie darauf, dass Sie Nährstoffe kaufen, die aus natürlichen Substanzen hergestellt wurden, auch wenn diese etwas teurer sind als die künstlich fabrizierten.

Nährstoffergänzung bei Krampfadern

Ganz wichtig ist hier Vitamin C mit Bioflavonoiden (1–2 g täglich). Es stärkt die Venenwände und -klappen und wirkt der Bildung von Blutgerinnseln entgegen. Essen Sie auch sehr viel Heidelbeeren, Brombeeren und Kirschen; diese enthalten viele natürliche Bioflavonoide. Vitamin E (100–400 mg täglich) verbessert die Blutzirkulation in den Beinen und wirkt ebenfalls der Bildung von Blutgerinnseln entgegen. Die Inhaltsstoffe von Knoblauch, Zwiebeln und Ingwer vermindern die »Klebrigkeit« der Blutplättchen und verlangsamen die Blutgerinnung. Aber auch Zink ist wichtig (30 mg täglich), denn es stärkt ebenfalls Venenwände und -klappen und unterstützt die Heilung der beschädigten Haut über den Krampfadern. Damit der Stuhl weicher wird und Sie nicht pressen müssen, sollten Sie Hafer-, Weizen- oder Reiskleie Ihrem Essen zusetzen, doch zu viel davon kann blähen!

Wählen Sie Nährstoffe, die aus natürlichen Substanzen hergestellt wurden.

Oxithermie

Kennen Sie schon die Oxithermie? Eine neue Heilmethode, die für Wassermann-Menschen sehr wirksam ist.

Mit dem Rücken haben viele Menschen Probleme, aber auch mit Rheuma, Neuralgien, Verspannungen und Migräne. Nun gibt es eine neuartige Infrarot-Ganzkörpertherapie, die mit Sauerstoffinhalationen kombiniert wurde. Die Oxithermie ist an vielen Universitäten ausgiebig untersucht und als wirksame biophysikalische Therapie anerkannt worden. Zehn Jahre lang wurde dieses Therapieverfahren im Ardenne-Institut erprobt und angewendet, doch jetzt findet es auch im ambulanten Bereich seinen therapeutischen Einsatz. Die Abwehrsituation wird durch die Stimulierung der Immunreaktion verbessert.

Durch Oxithermie wird die körpereigene Abwehr gestärkt.

Eindrucksvolle Ergebnisse aus dem Bereich der Krebs-Mehrschritttherapie geben Zeugnis von der Wirksamkeit dieser Methode. Durch die Stimulierung der Immunreaktion wird die Körperabwehr verstärkt. Mit dieser Therapie wird die Durchblutung verbessert, durch die Sauerstoffaufnahme werden verschiedene Lungen- und Bronchialerkrankungen geheilt, die Sehleistung bessert sich bei Netzhauterkrankungen. Aber auch bei Morbus Bechterew, bei chronischen Entzündungen, Neurodermitis, Hypertonie und chronischen Schmerzen ergaben sich gute Heilwirkungen.

Fazit: Die Oxithermie hilft einem Wassermann-Menschen, die persönliche Lebensenergie, die »innere Heilungsarbeit wieder aufzunehmen«. Weitere Informationen finden Sie im Anhang unter »Sauerstofftherapie«!

Positives Denken

In einem gesunden Körper wohnt ein gesunder Geist.

Dem typischen Wassermann ist es am liebsten, wenn er nicht dauernd auf andere angewiesen ist. Regelmäßig zu einem Arzt oder Therapeuten zu gehen, damit er wieder gesund wird, ist ihm verhasst. Was liegt also näher, als dem Wassermann eine Behandlungsform anzubieten, die ihn unabhängig von anderen macht und die er zu jeder Zeit und immer dann anwenden kann, wenn ihm gerade der Sinn danach steht? Was macht ein Wassermann am liebsten? Denken! Deshalb ist das »positive Denken« eine sehr gute Therapiewahl für ihn. In einem gesunden Körper wohnt ein gesunder Geist. Diese alte Weisheit lässt sich genauso gut auch umdrehen: Eine gesunde Geisteshaltung fördert einen gesunden Körper, stärkt die Gesundheit, hilft bei Heilung oder beugt der Krankheit vor. Dazu gehört eine Lebenseinstellung, die auf folgende Punkte begründet ist:

Gelassenheit, Selbstvertrauen, Geselligkeit, Optimismus, Fröhlichkeit und Zufriedenheit!

Aber auch das Visualisieren eines gesunden Körpers kann ganz wesentlich dazu beitragen, gar nicht erst ernsthaft krank zu werden. Visualisieren heißt, sich vor dem inneren Auge ein Bild zu machen. Das kann ein Luftzeichen wie Sie besonders gut. Zerbrechen Sie sich aber nicht den Kopf darüber, wie wohl ein gesundes Organ aussieht. Denken Sie einfach nur daran, dass derjenige Körperteil, der Ihnen gerade Beschwerden bereitet, jung und gesund ist.

Haben Sie eine Entzündung irgendwo im Körper, dann ist diese Stelle meistens gerötet, schmerzhaft oder erwärmt.

Stellen Sie sich diese Körperregion einfach etwas blasser vor. Denken Sie mit Ihrer ganzen Kraft daran, dass diese Stelle in Ihrem Körper wieder gesund und voll funktionstüchtig ist. Haben Sie allerdings starke Beschwerden, Krämpfe oder Schmerzen, müssen Sie natürlich vorsichtshalber erst einen Arzt konsultieren. Zusammen mit seiner Behandlung und Ihrem »positiven Denken« wird es Ihnen bald besser ergehen. *Fazit:* Die Macht unserer Gedanken ist einzigartig und wir sollten lernen, sie für das Positive einzusetzen und zu nutzen. Dann hält die Zukunft auch das, was sie verspricht. Sie können diese positive Zukunft schon jetzt erleben, wenn Sie sich ein Bild davon in Ihrer Fantasie schaffen. Das positive Denken mithilfe Ihrer Vorstellungskraft ist eine äußerst wirkungsvolle Übung, die eine Veränderung für Ihr ganzes restliches Leben bewirken kann. Fangen Sie noch heute damit an, dann geht es Ihnen von Tag zu Tag und in jeder Hinsicht immer besser und besser!

Setzen Sie die Kraft Ihrer Gedanken für das Positive ein.

Power-(Buddha-)Armbänder

Viele Prominente (Richard Gere, Madonna und viele andere) tragen mit Begeisterung schon längere Zeit diese Power- oder Buddha-Armbänder und schwören auf ihre positive Wirkung. Diese Armbänder haben ihren Ursprung bei den tibetischen Malas (Gebetsketten). Power-Armbänder werden direkt am Handgelenk und somit in Pulsnähe getragen. Durch die Kraft der Steine können sie viel bewirken (siehe auch den Abschnitt über »Heilsteine«). Traditionell werden folgende Heilsteine bei Power-Armbändern verwendet:

Nutzen Sie die positive Wirkung der Steine.

- *Amazonit* für mehr innere Ruhe (ein Heilstein für den Wassermann)
- *Aventurin* für Erfolg und Karriere
- *Bergkristall* für Heilkraft und mehr Stärke
- *Calcedon* für mehr Entspannung
- *Dalmatinerjaspis* für mehr Temperament
- *Falkenauge* gegen Ausweglosigkeit
- *Fluorit* für mehr Mut und Glauben
- *Goldfluss* für mehr Gelassenheit
- *Hämatit* gegen Einsamkeit und für mehr Willenskraft
- *Howlith* (weiß) für mehr Einfallsreichtum
- *Jade* (gelb) für mehr Energie
- *Jaspis* (rot) für mehr Glück
- *Karneol* für Abwehrkraft, Liebe und Mut
- *Mahagoniobsidian* für Freundschaft
- *Malachit* für mehr Einfallsreichtum
- *Perlmutt* für Geldzuwachs
- *Rhodonit* für positives Denken und als Reiseschutzstein (auch ein Stein für den Wassermann)
- *Rosenquarz* für mehr Liebe

- *Spinatjade* für mehr Freude
- *Tigerauge* bei Ärger und für mehr Kreativität
- *Türkis* für mehr Geldzuwachs (auch ein Wassermann-Heilstein)

Die Farben der Heil- und Edelsteine verraten viel über ihre Wirkung (siehe auch den Abschnitt über »Farbtherapie«):

- *Rot* bedeutet Lebenskraft und Energie. Diese Farbe aktiviert und vitalisiert, schenkt Wärme, Kraft und Mut.
- *Rosa* ist die Farbe der Sanftheit und Zärtlichkeit. Sie verbreitet Schönheit und Harmonie.
- *Orange* wirkt immer erneuernd und belebend. Sie weckt die Freude an sinnlichen Genüssen.
- *Gelb* vermittelt Leichtigkeit und Fröhlichkeit, fördert die mentale Aktivität und Kommunikation.
- *Gold* schenkt ein Gefühl der Fülle, Glanz und lichtvolle Wärme.
- *Grün* beruhigt, harmonisiert und fördert die Regeneration.
- *Hellblau* schenkt Inspiration und das Gefühl von innerer Freiheit.
- *Dunkelblau* gibt Ruhe und Konzentration.
- *Violett* ist die Farbe der Transformation, der Spiritualität und Meditation.
- *Weiß* symbolisiert Reinheit und Vollkommenheit.
- *Braun* vermittelt das Gefühl der Verwurzelung und schenkt Standfestigkeit.
- *Schwarz* öffnet den Blick nach innen, in die Tiefen der Seele.

Das Tragen mehrerer Armbänder gleichzeitig vermindert die Wirkung nicht.

Besonders praktisch: Sie können mehrere Armbänder gleichzeitig tragen. Bezugsquellen finden Sie im Anhang.

Pyramidenenergie

Vor allem der Wassermann spricht stark auf die Kraft der Pyramiden an. Inzwischen werden sogar Pyramiden angeboten, in die man sich zum »Aufladen« hineinsetzen kann. Auf Esoterikmessen können Sie diese bewundern und testen. Aber auch in der Wohnung entfalten Pyramiden ihre positive Wirkung. Es gibt Heilsteine in Pyramidenform sowie Wunsch- und Haushaltspyramiden. Auch hier spielen die Farben eine große Bedeutung:

Pyramiden wirken durch ihre geometrische Form als Kraftverstärker auf feinstofflichem Niveau.

- ◆ *Rot* = Mut, Energie und Liebe
- ◆ *Orange* = Gesundheit, Freude und Positivität
- ◆ *Gelb* = Erfolg, Verständnis und Weisheit
- ◆ *Grün* = Hoffnung, Glück und Wohlstand
- ◆ *Blau* = Glaube, Vergeben und Frieden
- ◆ *Kobalt* = Stärke, Selbstkontrolle und Stabilität
- ◆ *Violett* = Engelsenergie, Intuition und Spiritualität
- ◆ *Schwarz* = Schutz und Transformation (Pluto)
- ◆ *Weiß* = Licht und Reinheit

Die Haushaltspyramide

Viele wissenschaftliche Untersuchungen haben ergeben, dass Pyramiden durch ihre Form als geometrische Verstärker wirken, die das feinstoffliche Energieniveau von Dingen, die darin gelagert werden, um ein Vielfaches erhöhen. Die Haushaltspyramide wurde speziell für den Einsatz im häuslichen Bereich konzipiert. Ihr schreibt man die Fähigkeit zu, wahrlich erstaunliche konservierende und energetisierende Eigenschaften zu haben.

Legen Sie Ihr Obst, Ihre Körner und andere Lebensmittel in die Pyramide. Sie werden eine Geschmacksverbesserung feststellen. Auch Wasser kann in einer Haushaltspyramide aufgeladen werden (24 Stunden wirken lassen). Stellen Sie Ihre Pyramide an einen kühlen, sonnenfreien Ort oder in den Kühlschrank. Geben Sie Ihre Kräuter drei bis vier Tage zum Trocknen in die Pyramide und Sie werden feststellen, dass sie nicht nur sehr gut schmecken, sondern auch ihre ursprüngliche Farbe behalten.

Hobbygärtner haben herausgefunden, dass Samenkörner, die in einer Pyramide gelagert wurden, schneller keimten und eine stärkere, gesündere Pflanze in kürzerer Zeit daraus wuchs. Legen Sie deshalb Ihre Samenkörner für gut zwei Wochen in die Pyramide, bevor Sie diese einpflanzen.

Für materielle Belange sollten Sie blaue bzw. grüne Pyramiden wählen.

Die Wunschpyramide

Entdecken Sie das Wundervolle an einer Wunschpyramide! Wie man sagt, wirken Pyramiden als Kraftverstärker. Durch ihre Form (eine maßstabsgetreue Verkleinerung der Original-Cheopspyramide) verstärken sie das Schwingungsfeld von Objekten und Wünschen, die sich in ihrem Inneren befinden. Diese Wirkung wird bei den Wunschpyramiden, die Sie in jedem gut sortierten Esoterikfachgeschäft in verschiedenen Größen (von ca. 5 bis 25 cm) erhalten, noch durch das verwendete Material (Glas) und die entsprechende Farbe verstärkt. Wunschpyramiden sind hervorragende Helfer, um Amulette und Talismane, Power-Armbänder, Trommelsteine, Heilsteinketten, Blütenessenzen, Duftöle und Aura Soma etc. darin positiv aufzuladen. Für alle materiellen Belange sollten Sie blaue bzw. grüne Wunschpyramiden wählen. Für Finanzangelegenheiten: Keltischer Knoten, Pharao, Delfin, Merlin und Skarabäus.

Hören Sie ruhig auf Ihre innere Stimme – sie weist Ihnen sicher den richtigen Weg. Wer kein Fachgeschäft in der Nähe hat, sollte die im Anhang genannten Bezugsquellen nutzen!

Sauerstofftherapie

Sauerstoff ist Atmen und Atem ist Luft. Als Wassermann sind Sie ein Luftzeichen, und so sprechen Sie auf die Sauerstofftherapie enorm gut an.

Ein Mensch kann mehrere Wochen ohne Essen auskommen, mehrere Tage ohne Trinken, aber nur wenige Minuten ohne Sauerstoff. Für die Bereitstellung von Energie im Körper spielt Sauerstoff eine entscheidende Rolle. Bei Sauerstoffmangel (siehe »Magnetfeldtherapie«) kommt es zu Störungen der Stoffwechselvorgänge, der Immunabwehr und der Organdurchblutung. Dies führt zu starken Beeinträchtigungen des gesamten Organismus und zu unterschiedlichen Erkrankungen. Sauerstoff ist ein Stoff, aus dem alles Leben stammt. Ohne ihn würden unsere Zellen verhungern, denn Sauerstoff ist deren Hauptnahrung. Gerade für ein Luftzeichen wie den Wassermann kann durch Sauerstoff sehr viel geheilt werden.

Sauerstoff ist entscheidend für die Energiebereitstellung im Körper.

Die Ozontherapie ist nicht zu verwechseln mit dem Ozonloch, das unsere Erde plagt. Ozon ist nur schädlich, wenn es sich mit normaler Luft verbindet. Vermischt man es jedoch mit reinem Sauerstoff, dann entsteht bei richtiger Dosierung des Ozons eine äußerst heilkräftige Wirkung.

Natürlicher Sauerstoff besteht aus zwei Atomen; Ozon dagegen aus drei. Führt man normalem Sauerstoff Energie zu, dann entsteht Ozon. Der so angereicherte Sauerstoff hat einen wesentlichen Einfluss auf unsere Gewebsdurchblutung. Kranken Zellen wird der nötige Sauerstoff zugeführt und so bilden sich neue Blutgefäße. Diese Sauerstofftherapie setzt hilfreich ein, wo Krankheiten durch mangelnde Durchblutung entstehen oder durch verstärkte Sauerstoffzufuhr eine Heilung gefördert wird.

Die nachfolgenden Sauerstofftherapieverfahren werden entweder prophylaktisch zur Gesundheitsvorsorge oder therapeutisch bei bestimmten Erkrankungen mit Erfolg angewendet.

Sauerstoff-Mehrschritttherapie nach Ardenne

Hier wird der Sauerstoff über eine Atemmaske eingeatmet. Gleichzeitig erfolgt ein Bewegungstraining, z. B. mit dem Fahrradergometer. Die zusätzliche Gabe von Vitaminen und Mineralstoffen beschleunigt die bessere Verwertung des Sauerstoffs. Die Ardenne-Therapie empfiehlt sich vor allem bei allgemeinem Leistungsabfall, bei geschwächtem Immunsystem, bei Konzentrationsmangel oder bei Durchblutungsstörungen. Kontraindikationen wurden keine festgestellt. Die Kosten sind meist aus eigener Tasche zu berappen!

Sauerstofftherapien eignen sich sehr gut zur Gesundheitsvorsorge.

Ozon-Sauerstoff-Eigenblut-Therapie

Bei dieser Sauerstofftherapie (oft HOT genannt) wird dem Patienten ein Viertelliter Eigenblut (oder 100–200 ml) aus der Armvene entnommen, außerhalb des Körpers mit aktiviertem Sauerstoff und Ozon durchmischt oder auch mit ultraviolettem Licht bestrahlt und dann wieder in den Körper zurückgeleitet. Ozon tötet Keime ab, belebt die roten Blutkörperchen, aktiviert die immunstarken Leukozyten, festigt die Zellmembran und befreit den Sauerstoff im Zellstoffwechsel.

Bewährt hat sich diese Blutwäsche bei externen Geschwüren und Hautläsionen, bei Analfisteln, bei allen chronischen Infektionen, bei arteriellen Durchblutungsstörungen (auch in Armen und Beinen), bei Infektionen mit Hepatitis B und Herpes, bei rheumatischen Erkrankungen wie Arthritis, Gonarthrose, Morbus Bechterew (Muskel- und Gelenkrheumatismus), bei geistigen und körperlichen Erschöpfungszuständen, bei

Stoffwechselstörungen (z. B. hohe Blutfett-, Harnsäure- oder Blutzuckerwerte), bei Lebererkrankungen, Gedächtnisstörungen, Herpes, in der Zahnmedizin zur Desinfektion und Wundheilung und als unterstützende biologische Krebstherapie.
Nur bei Schilddrüsenüberfunktion, kürzlich zurückliegendem Herzinfarkt oder frischen Blutungen sollte man diese Therapie nicht anwenden. In den meisten Fällen muss die Therapie aus eigener Tasche bezahlt werden. Hier sollten Sie nur einen Spezialisten aufsuchen, der mit Blutabnahme und Infusionen vertraut oder spezialisiert ist (z. B. ein Anästhesist o. Ä.), wie beispielsweise im Hyperbaren Sauerstoffzentrum in München!

Menschen mit »verletztem« Merkur, aber auch mit Luftzeichen-Betonung reagieren positiv auf die Sauerstofftherapie.

Hyperbare Sauerstofftherapie
Hier atmet der Patient 100 Prozent reinen Sauerstoff über eine Atemmaske in einem speziellen Behandlungsraum mit erhöhtem Luftdruck (einer Druckkammer) ein. Weil der Luftdruck in der Kabine höher als normal ist, wird das Lebenselixier Sauerstoff mit Kraft in die Lungen gepumpt, und der Sauerstoffgehalt des Bluts steigt auf das 20fache der normalen Menge an. Die Körperzellen werden förmlich geflutet mit diesem gesunden Gas.
Diese Behandlung erzeugt eine bessere Sauerstoffversorgung der Gewebe und zählt zur effektivsten Sauerstofftherapie. Ödeme schwellen rasch ab, das Wachstum von neuen Gefäßen, Knochenzellen und Bindegewebe wird angeregt, Bakterien und deren Giftstoffe werden eliminiert, die Blutzellen werden aktiviert für eine bessere Infektabwehr und die Durchblutung wird insgesamt positiv verbessert. Am wirkungsvollsten ist diese Therapie bei Hörsturz (Tinnitus) einzusetzen, bei schwer heilenden Wunden (diabetischer Fuß, Infektionen, Knocheninfekt, unfallbedingte Verletzungen, nach Strahlenschäden etc.), bei schweren Infektionskrankhei-

ten (wie z. B. Gasbrand), bei chronischer Migräne, nach einem Tauchunfall oder bei Rauchgasvergiftung.

Nicht anzuwenden ist die Therapie in der Schwangerschaft, bei Erkrankungen der Ohren mit Tubenbelüftungsstörungen, bei epileptischen Krampfleiden, bei schwerem Asthma bronchiale, bei Platzangst, bei anstehenden Lungenoperationen oder -verletzungen und bei ausgeprägten Herzrhythmusstörungen mit langsamem Herzschlag. In vielen Fällen werden diese Behandlungskosten je nach Krankheitsbild sogar von den Krankenkassen übernommen.

Oftmals übernimmt sogar die Krankenkasse die Kosten für eine Sauerstofftherapie.

Mein Tipp: Wenn Sie Interesse an dieser Therapie haben, dann fragen Sie im Hyperbaren Sauerstoffzentrum München nach (Kontaktadressen finden Sie im Anhang des Buches).

Tarot und I Ging

Kennen Sie schon die Tarotkarten? Ein schönes Hobby für Ihren Geist und Ihre Seele, das Sie leicht selbst erlernen und praktizieren können. Über den Ursprung des Tarots scheiden sich die Geister. Einige glauben, es habe sich aus den Schafgarbenstängeln des chinesischen *I Ging* entwickelt; andere meinen, sein Ursprung sei im Buch *Thot* zu finden. Wieder andere sagen, dass Tarot im alten Ägypten entstanden und im 14. Jahrhundert von den Zigeunern nach Europa gebracht worden sei.

Die Karten und Münzen können neue Wege weisen.

Wie dem auch sei: Sie können die Tarotkarten einerseits zum Wahrsagen benutzen, doch Sie können sie auch, vor allem die *Großen Arkanen,* als Weg zur spirituellen Entwicklung für sich verwenden.

Wer sich für Tarot interessiert, braucht nicht unbedingt einen Kurs zu besuchen. Ein gutes Buch für Anfänger samt der Karten und etwas Zeit und Interesse genügen. Dem Wassermann sind nach astrologischer Überlieferung die Karte *XI: Die Stärke (die Kraft)* zugeordnet; nach kabbalistischer Symbolik die Karte *XVI: Der Turm.*

Das beste Tarotdeck für den Wassermann: *Adrian Tarot* (Bezugsquellen finden Sie im Anhang).

Auch ein anderes Weisheits- und Weissagungsbuch wäre für Sie empfehlenswert: »I Ging, das Buch der Wandlungen«. Es antwortet Ihnen auf entscheidende Fragen des Lebens, denn in den 64 Hexagrammen oder »Bildern« zeigt sich eine geniale Weltformel.

Man nimmt drei Münzen, stellt sich innerlich die Frage und wirft sechsmal hintereinander (z. B. »I Ging, Text und Materialien«, Diederichs Gelbe Reihe u. v. a. m.).

Traumdeutung

Um die Seele dauerhaft gesund zu erhalten, ist es ganz wichtig, die nächtlichen Traumerlebnisse möglichst bald nach ihrem Auftreten zu deuten, damit sich kein innerer »Stau« bildet. Wir pflegen zwar alle täglich unseren Körper, doch um unsere Seele kümmern wir uns nur in Krisenzeiten. Unser Seelenleben umfasst drei Bereiche: das *Ich* (unser Bewusstsein), das *Überich* (unser Gewissen) und das *Es* (unser Unbewusstes). Wesentliche Impulse, die unser Denken, Fühlen und Handeln bestimmen, stammen aus dem unbewussten Bereich, in den wir alle Enttäuschungen, negativen Gefühle und schlechten Erfahrungen verdrängen. Unterdrückte Gefühle erzeugen jedoch Ängste, Vorurteile und Krankheiten oder bestimmen unbewusst Denken und Handeln. Wenn wir nichts über unser Unbewusstes wissen, dann werden wir keine Selbsterkenntnis erlangen. Und wer keine Selbsterkenntnis besitzt, wird ein wesentliches Grundbedürfnis niemals befriedigen können: die *Selbstverwirklichung*!

Träume sind Botschaften der Seele.

Eine tiefgreifende Wandlung in der Traumdeutung vollzog der Psychiater C. G. Jung (1875–1961), der über das Individuelle wieder ins Universelle (kollektive Unbewusste) vordrang. Er wies nach, dass in unseren Traumsymbolen uralte menschliche Seelenbilder (Archetypen) herrschen. Der Traum verrät also nicht nur Botschaften und dient der Reinigung der Seele. Er kann uns sogar warnen, er will und kann Böses oder Negatives abwehren, auf kommende Ereignisse, Möglichkeiten oder Chancen hinweisen. Sie sollten sich auf jeden Fall ein gutes Traumdeutungslexikon zulegen (siehe Buchtipps im Anhang).

Träumen Sie von einem *Hund,* dann äußern sich hier Ihre verdrängten Triebe, Ihre Begierden und Instinkte. Bei Männern aktiviert der Hund im Traum deren sexuelle Abenteuerlust. Vorsicht, wenn der Hund im Traum bissig war! Positiv wäre ein Traumhund, der Sie ruhig begleitet und Ihren Befehlen gehorcht. Damit ist angezeigt, dass Sie eine harmonische Beziehung zu Ihren unbewussten Triebkräften besitzen. Sie leben quasi in Frieden mit Ihrer unbewussten Instinktseite oder Sie profitieren von treuen Freunden in Ihrer Umgebung. Ist der Hund sehr klein (wie Rehpinscher, Yorkshireterrier u. Ä.), dann sind Ihre Begierden nicht so groß, dass sie übermächtig werden könnten. Folgt Ihnen ein Windhund oder Afghane im Traum, dann symbolisiert dieser Hund Eleganz und Schnelligkeit (vielleicht sind Sie damit gemeint). Mit diesen Fähigkeiten kommen Sie jetzt voran!

Träume können wichtige Zukunftsvisionen enthalten.

Träumen Sie von einem *Schmetterling*, zeigt dies, dass in Ihnen gerade eine innere Wandlung stattfindet, so wie die Raupe zur Puppe und zum Schmetterling wird. Sorgen Sie selbst dafür, dass diese Wandlung sehr schön oder sehr farbenprächtig ausfällt, auch wenn der Anlass dazu häufig recht hässlich war (wie bei der Raupe). Oft ist dieses Traumtier auch ein Symbol für Treulosigkeit, Flatterhaftigkeit oder Unbeständigkeit – vor allem in der Liebe. Durch eigenes Verhalten, durch zu viel Eitelkeit oder Untreue werden Sie bald Enttäuschungen erleben. Fangen Sie im Traum einen Schmetterling, dann können Sie zwar ein kurzes Glück genießen, doch es wird nicht von Dauer sein. Sehen Sie im Traum einen Schmetterling, dann ist entweder Ihr Partner sehr treulos oder ein Freund, eine Freundin für Sie viel zu flatterhaft!

Ein Tipp: Sie können das eigene Traumleben am besten wieder aktivieren, indem Sie eine grundsätzlich freudige Erwartungshaltung einnehmen. Sie dürfen gespannt sein, was Ihnen Ihre Seele alles mitzuteilen hat. Wer sich an seine

Traumbilder nicht mehr erinnern kann, dem kann mit Vitamin B$_6$ geholfen werden. Und wer Bach-Blüten einnimmt, wird bald eine Aktivierung des Traumlebens bemerken. Legen Sie sich vorsichtshalber Stift und Papier auf das Nachtkästchen und notieren Sie gleich nach dem Traum einige Stichpunkte daraus. Sie werden sehen: Am nächsten Tag steigt die Erinnerung daran wieder ganz auf und Sie können sich mithilfe eines guten Traumlexikons an die Deutung machen!

Ihre Seele hat Spannendes und Interessantes mitzuteilen.

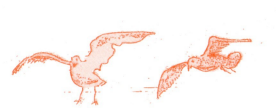

Vollspektrumlicht

Luft und Licht sind besonders für ein Luftzeichen wie Sie lebensnotwendige Energie. Doch leider verbringen wir aus beruflichen Gründen 90 Prozent unserer Zeit in geschlossenen Räumen – eine Tatsache, die auf die Dauer garantiert zu allerlei gesundheitlichen Störungen führt.

Das Sonnenlicht steuert beim Menschen wichtige körperliche Porzesse.

Jeder Mensch ist ein »Lichtwesen«, jede Zelle sendet Licht aus, wir ernähren uns von dem in Nahrungsmitteln gespeicherten Licht. All das steuert wiederum unser Nervensystem, unseren Hormonhaushalt und auch unser Abwehrsystem. Beim Kunstlicht in den Räumen fehlen jedoch die biologisch wirksamen UV- und Infrarotanteile. Versuche mit Blumen und Mäusen, die man ausschließlich künstlichem Licht ausgesetzt hat, haben gezeigt, dass diese schnell verkümmern bzw. nicht so lange leben wie andere Blumen und Mäuse, die sich im Freien aufhalten.

Das Sonnenlicht steuert beim Menschen über den Sehkanal ganz wichtige körperliche Lebensprozesse. Dieses fehlende Sonnenlicht kann durch eine Vollspektrum-Naturlichtlampe ausgeglichen werden. Ende der 60er-Jahre des vergangenen Jahrhunderts wurde diese von John Ott mithilfe der NASA entwickelt.

Die Vollspektrumröhre kann zu fast 96 Prozent ein natürliches Sonnenlicht nachahmen, sendet UV- und Infrarotanteile aus und wird inzwischen in vielen Krankenhäusern, Büros, Praxen und auch im Wohnbereich eingesetzt. Eine richtige Lichttherapie ist gewährleistet, wenn die Leuchten im Abstand von 30 cm eine Helligkeit von 10 000 Lux ausstrahlen. Fragen Sie im Fachhandel ganz gezielt nach diesen Naturlichtlampen!

Wohlfühltag(e)

Als Wassermann-Persönlichkeit empfangen Sie tausend Signale und reagieren auf fast alle Einflüsse; kein Wunder, wenn Ihre Nerven äußerst strapaziert sind. Schalten Sie deshalb immer wieder mal ab. Nur in der Stille oder Abgeschiedenheit vor anderen Menschen finden Sie wieder Ihren zentralen Kern, Ihr wahres Ich.

Sie benötigen ein ausgewogenes Verhältnis aller vier Elemente, um ausgeglichen zu sein.

Mit *Meditation* können Sie Ihre Wohlfühltage verstärken. Meditation ist ein Zustand, in dem Sie den Fluss Ihrer Gedanken und alle sinnlichen Wahrnehmungen ausgeschaltet haben, um reines Bewusstsein zu erreichen.

Setzen Sie sich in einem ruhigen, leicht abgedunkelten Raum bequem hin (eventuell im Lotussitz). Zünden Sie in zwei Metern Entfernung von Ihrem Platz eine Kerze an. Wenn Sie wollen, können Sie noch Duftöle in die Aromalampe geben oder Räucherstäbchen abbrennen. Stellen Sie das Telefon ab.

Atmen Sie tief und ruhig ein und aus und sprechen Sie im Rhythmus Ihrer Atmung die Silbe OM. Versuchen Sie, Ihre Gedanken abzustellen, doch nicht zwanghaft. Kehren Sie einfach immer wieder zur Ihrer gleichmäßigen Atmung, zu Ruhe, Konzentration und zum OM zurück. Die Klangschwingung der heiligen Silbe OM besitzt eine göttliche Kraft. Sprechen Sie nach einer Weile das Mantra OM nicht mehr laut aus, sondern nur noch in Ihrem Geist. Langsam und gleichmäßig wie Ihr Atem: OOOMM ... OOOMM ...

Meditieren Sie auf diese Weise etwa 20 Minuten. Morgens oder abends wäre die beste Zeit dazu.

Um unser körperlich-geistig-seelisches Gleichgewicht zu finden oder dieses zu aktivieren, brauchen wir alle vier Elemente: Wir sollten uns aktiv bewegen *(Feuer)*, uns einige Stunden in frischer Luft aufhalten *(Luft)*, auf natürlichem Boden – keinem Asphalt – gehen *(Erde)* und wir sollten uns reinigen und entspannen *(Wasser)*. Wer das praktiziert, stärkt die körperlich-geistig-seelische Vitalität.

Pfeift draußen aber ein kalter Wind, fallen Regengüsse oder schneit es, dann sollten Sie sich mal einen richtigen Verwöhntag leisten. Suchen Sie sich ein paar Körperübungen im Buch (»Fitness«) aus, die Ihnen Spaß machen (Feuer). Danach einige Minuten Atemübungen (Luft), und da Sie wegen des schlechten Wetters momentan nicht im Freien wandern können, ersetzen Sie diese fehlende Erdenergie durch ein schönes, warmes Essen, das Sie in aller Ruhe zubereiten und genussvoll verspeisen, denn auch dies gehört zur Erdenergie. Falls Sie später Lust verspüren auf Reinigung und Pflege (Wasser), dann sollten Sie sich aus dem Folgenden etwas ganz Besonderes für sich aussuchen.

Gönnen Sie sich doch einmal einen richtigen Verwöhntag.

Augentrostwaschung

Nehmen Sie einen halben Teelöffel Augentrost und ca. 1/8 Liter Wasser. Erhitzen Sie die Kräuter im Wasser und lassen Sie das Ganze zehn Minuten kochen. Danach abseihen und warten, bis der Absud nur noch lauwarm ist. In ein Schälchen geben und die Augen vorsichtig von außen nach innen damit auswaschen. Oder befeuchten Sie ein Pad und machen sich damit eine Augenkompresse, die Sie im Liegen einwirken lassen.

Kräuterbaden

Besorgen Sie sich gesunde Kräuterbäder (Rosmarin zur Belebung, Melisse zur Beruhigung) oder träufeln Sie Aromaöle (siehe Abschnitt über »Aromatherapie«) in Ihr Badewasser. Bereiten Sie vor dem Baden gleich nachfolgend beschriebene »Hexenmixturen« für Ihre Schönheit her.

Sahne-Hefe-Honig-Maske

Sahne und Honig pflegen die Haut, Hefe entfettet sie. Für die Maske brauchen Sie 20 g Bierhefe, 20 ml süße Sahne und 10 g Honig. Zerbröseln Sie die Hefe, verrühren Sie das Ganze mit der Sahne und mischen Sie den Honig darunter, bis ein cremiger Brei entsteht. Legen Sie sich in die Badewanne mit dem Kräuterbad und tragen Sie die Maske auf das feuchte Gesicht, den Hals und das Dekolleté auf. 20 Minuten einwirken lassen.

Haarkur mit Eigelb und Olivenöl

Dazu rühren Sie zwei Esslöffel Olivenöl langsam in zwei Eigelb ein. Nehmen Sie das Schälchen ebenfalls mit ins Badezimmer und massieren Sie diese Mischung ins trockene Haar ein. Haben Sie die Sahne-Hefe-Honig-Maske schon aufgetragen, dann wickeln Sie Ihren Kopf in ein Frotteetuch und lassen die Kur ebenfalls 20 Minuten einwirken. Wer will, kann sich zum Schönheitsbad noch gute Musik und ein Glas Wein mitnehmen. Und dann heißt es nur noch: eintauchen und genießen! Ich wünsche Ihnen viel Freude dabei!

Wohlfühlbad, Schönheitsmaske und zu guter Letzt noch eine Haarkur sind genau das Richtige.

Die erstgeborenen Wassermänner-Kinder wachsen meist ohne Vater auf. Das erzeugt ein »psychologisches Loch« im Familienskript. Vielleicht tut Ihnen eine »Familienaufstellung« gut? Dann fragen Sie bei Margit Hoffmann (Anschrift siehe Anhang) nach guten Therapeuten und Adressen!

Besorgen Sie sich für Ihren Wohlfühltag *Blaubeeren*. Sie sind nicht nur reich an Vitaminen, sondern besitzen auch stark antioxidative Wirkung. Eine medizinische Studie aus Boston wies nach, dass Blaubeeren die schädlichen freien Radikale neutralisieren, die Hauptverursacher von Krebs und chronischen Krankheiten sind.

So schnell gehen mir die Ideen nicht aus (ich bin nämlich selbst eine Wassermännin). Noch was Verrücktes für Sie? Tragen Sie doch in Zukunft *Zehensocken*: Das hat garantiert nicht jeder, doch bei Frau Angelika Schaupp (Tel.: 0 74 71/1 61 20) habe ich sie gefunden: www.zehensocken.de.vu – das echte »Wohlfühlprogramm für Ihre Zehen«!

Krankheit ist meist auch ein Hilferuf der Seele.

Fazit: Krankheit ist immer ein deutlicher Aufruf der Seele nach positiven Veränderungen. Meistens symbolisieren die Krankheiten die Verletzungen der Seele. Auffällig ist, dass die »Opfertypen« öfters oder schwerer erkranken als die notorischen »Täter«. Doch ab und zu werden auch diese durch Krankheit gestoppt oder auf ihr falsches Verhalten hingewiesen.

Sie sollten demnach weder als »Opfer« noch als »Täter« durch dieses Leben gehen. Genau in der Mitte liegt die Wahrheit und die Lösung, doch das ist eine schwierige und anspruchsvolle Herausforderung an uns alle. Als geistvoller Wassermann sollten Sie sich also stärker um Ihre Seele kümmern und Ihre geistigen Kräfte nicht überbewerten. Doch die Lebensform der Menschen in den Industrienationen ist weit entfernt von einem natürlichen Leben. Der Kapitalismus hat einen hohen Preis. Heilung geschieht am ehesten, wenn Sie die Signale Ihres Körpers (Ihrer Seele) verstehen und positive Veränderungen in die Wege leiten. Dann schwingen Körper, Geist und Seele endlich wieder in Harmonie!

Zahlenmagie

Die 4 ist eine Symbolzahl des *Uranus*. Die Zahl 4 ist zuständig für Individualität, Erfindungsgeist, Einfallsreichtum, für unkonventionelles Verhalten, aber auch für Toleranz, Veränderungen und Reformen und für plötzliche, unerwartete Ereignisse. Außerdem ist sie die Zahl der Genies und Erfinder. Die 4 wird in der Astrologie dem Tierkreiszeichen Wassermann zugeordnet; deshalb ist sie auch eine Glückszahl für alle uranischen Menschen.

Menschen, denen die Zahl 4 zugeordnet wird, sind individualistisch und einfallsreich.

Ihre Persönlichkeit

4er-Menschen sind in ihrem Auftreten meist zurückhaltend und gelten eher als introvertiert. Menschen mit der 4 haben eine starke Individualität, die jedoch von vielen anderen Zeitgenossen nicht recht verstanden wird. Selbst ihren eigenen Familienangehörigen erscheinen sie oft wie das »Orakel von Delphi«.

Sie haben oft recht eigenwillige Anschauungen und auch Ihre Handlungen schockieren andere bisweilen. In Ihnen steckt ein kleiner »Revolutionär«, aber auch ein großer Clown. Das kann positiv gelebt zum Geisteswissenschaftler, zum Astrologen, zum Philosophen, zum Reformer, zum technischen, sozialen oder religiösen Erneuerer führen und negativ gelebt zum »Anarchisten aus Leidenschaft« oder zum Kämpfer gegen jede Form von Obrigkeit oder Autorität.

Einige 4er-Persönlichkeiten werden sehr eigenwillige Künstler. Andere haben wirklich tolle Ideen und Einfälle oder eignen sich gar zum Erfinder. Manche 2er-, 4er- oder 8er-Menschen haben ein schweres Schicksal oder sind von Krankheiten und ererbten Behinderungen geplagt.

Als 4er-Persönlichkeit leben Sie in der Zukunft und sind allen Dingen weit voraus. Das gibt Ihnen ein gutes Gespür für Vorahnungen, doch Propheten kamen zu ihren Lebzeiten leider nur selten zu Ruhm. Das beste Gegenmittel wäre ein erdiger Aszendent oder Planeten in erdigen Zeichen oder Häusern (2, 6, 10 oder Stier, Jungfrau, Steinbock).

Manche von Ihnen hören bei einer lauten Party, was Gäste am anderen Ende des Zimmers über Sie reden. Bei Ihnen gilt die Devise: Lieber schrullig als 08/15, denn Sie möchten auf gar keinen Fall ein Durchschnittsmensch sein (doch keine Sorge: Das schaffen Sie ohnehin nicht!).

4er-Menschen sind ungewöhnliche Persönlichkeiten.

Manche Ihrer »verrückten« Ideen sind ein paar Jahre später »der Renner«. Aber als 4er-Mensch machen Sie es sich und anderen nicht leicht, denn Sie sind ein Grübler und ernsthafter Problematiker. Ihre jugendlichen Einstellungen (auch im hohen Alter), Ihr manchmal verrückt-unkonventionelles Auftreten und Ihr schlagfertiger Witz, mit dem Sie manche Zeitgenossen verblüffen oder gar brüskieren, sind typisch für Sie. Doch in manchen Punkten Ihres Lebens sind Sie erzkonservativ (forschen Sie mal ganz ehrlich danach).

Sie faszinieren ungewöhnliche Persönlichkeiten und Sie glauben auch an das Unmögliche. Gute Freunde sind Ihnen wichtig und Sie werden leicht viele Freunde aus unterschiedlichen gesellschaftlichen Schichten gewinnen.

Beachten Sie, dass sich nur ein sehr tatkräftiger Mensch freie Bahn schaffen kann. Als echter Humanist verkehren Sie mit Königen und Bettlern genauso wie mit einem Obdachlosen oder einem armen Bauern. Wenn andere Ihnen Vorschriften machen, dann kann man Ihre Sturheit kennen lernen.

Es gibt eine tolle Aussage von Pablo Picasso, die ich noch erweitern möchte: »Wir wurden alle als Original geboren, doch die meisten von uns sterben als Kopie.« Sie garantiert nicht!

Zukunft:
Ihr persönliches
Jahresschicksal

»Alles hat seine Stunde,
und es gibt eine Zeit für jedes Vorhaben
unter dem Himmel ...«

(DAS BUCH PREDIGER, KAP. 3, .V. 1)

Der Ursprung der Zahlen ist relativ unbekannt, doch es steht fest, dass schon Hermes Toth *(Merkur)* vor vielen Äonen, ja schon vor Atlantis sehr viel über sie gewusst hatte. Die alten Chaldäer, Ägypter, Hindu, Essener und auch die Weisen der arabischen Welt waren Meister in der Erkenntnis um die verborgene Bedeutung der Zahlen. Einige dieser Erleuchteten entdeckten, dass die Bewegung der Erdachse um den Pol der Ekliptik nur alle 25 850 Jahre stattfinden kann. Man wundert sich noch heute, wie sie diese Berechnungen ohne Instrumente mit derartiger Genauigkeit durchführen konnten. Manche Dinge auf dieser Welt wird man nicht enträtseln können. Man muss sie einfach akzeptieren in der Gewissheit, dass sich die Antworten zur rechten Zeit schon einstellen werden.

Astrologie und Numerologie liefern nützliche Hinweise bei der Erforschung Ihrer Persönlichkeit.

Mithilfe der *Numerologie* (das chaldäisch-hebräische kabbalistische numerische Alphabet) können Sie relativ schnell Ihr persönliches Jahresschicksal errechnen. Obwohl Astrologie und Numerologie eng miteinander verbunden sind, ist die Astrologie doch Königin der Geheimwissenschaften und kann noch viel detaillierter als die Numerologie Auskunft über günstige Zeitqualitäten, Wachstumsmöglichkeiten oder schwierige Entwicklungen geben. Aber das kostet Zeit und Geld.

Zwar gibt es schon längst preisgünstige Computer-Software, die astrologische Jahresanalysen erstellen können, doch ein Computer ist natürlich eine Maschine und kann den Menschen hinter dem Geburtsdatum nicht als ganze Persönlichkeit erfassen.

Falls Sie sich tiefer mit der Materie beschäftigen wollen, als es mit einem Computer möglich ist, dann sollten Sie einen seriösen und guten Astrologen aufsuchen. Fragen Sie diesen ruhig, wie und wo er sein Studium abgeschlossen hat und wie lange er schon praktiziert. Nur so können Sie sich von allen unseriösen Beratern abgrenzen. Ein guter Astrologe muss eigentlich keine Zeitungsinserate schalten. Er lebt von Stammkunden und deren Empfehlung. Fallen Sie nicht auf die »Multigenies« herein, die überall inserieren: Astrologie, Kartenlesen, Magie, Handlesen und vieles mehr. Derartige Berater müssten eigentlich so um die 80 sein, wenn sie all diese Praktiken ernsthaft studiert haben wollen. Wenn Sie Genaueres gar nicht wissen möchten oder im Moment dafür kein Geld zur Verfügung haben, dann probieren Sie doch die für Sie kostenlose und leicht zu erlernende Methode der *Numerologie* aus.

Numerologie ist einfach zu erlernen.

Ihre Jahres- oder Ereigniszahl

Sie finden Ihre aktuelle Jahres- oder Schicksalszahl, indem Sie die Jahreszahl in Ihrem Geburtsdatum durch das jeweils laufende Kalenderjahr ersetzen.

Ein Beispiel: Sie sind am 22.1.1950 geboren und möchten wissen, was das Jahr 2002 für Sie als Hauptthema bereithält. Dann addieren Sie:

So können Sie Ihre aktuelle Jahres- oder Schicksalszahl errechnen.

22 + 1 + 2002 =

2 + 2 + 1 + 2 + 2 = 9

Jede Null wird nicht gezählt!

Lesen Sie unter »Die 9 als Jahres- oder Ereigniszahl« nach, was das Schicksal Ihnen 2002 rät!

Zweites Beispiel: Sie sind am 19.10. 1944 geboren und möchten wissen, was das Jahr 2003 für Sie bereithält. Dann addieren Sie:

19 + 10 + 2003 =

1 + 9 + 1 + 2 + 3 = 16

Lesen Sie unter »Die 16 als Jahres- oder Ereigniszahl« nach, was das Schicksal Ihnen 2003 rät.

Die 1, 2, oder 3 als Jahres- oder Ereigniszahl

Diese Zahlen können rein rechnerisch nicht vorkommen, denn selbst wenn Sie am 1.1. eines Jahres geboren sind, ergibt die Jahreszahl für das Jahr 2000 schon die 4, denn 1 + 1 + 2 = 4!

Die 4 als Jahres- oder Ereigniszahl

Kommt die 4 als Jahreszahl für Sie in Betracht, kann diese auch von einer zweistelligen Zahl (13, 22, 31 oder 40) auf eine 4 reduziert werden. Lesen Sie dann neben diesem Abschnitt auch bei der 13 oder 22 nach, falls eine dieser Zahlen für Sie zutrifft.

Als Jahreszahl ruft die 4 dazu auf, Ihre Individualität weiterzu-
entwickeln. Suchen Sie nach sinnvollen Reformen und Verbesserungen in Ihrer allernächsten Umgebung, doch gehen Sie
dabei nicht nach altbewährten Methoden vor, sondern eher
mittels ungewöhnlicher Ideen und Handlungsweisen.

Sie haben jetzt ein Gespür für kommende Entwicklungen und
für Ihre eigene Zukunft. So erkennen Sie manches, was anderen noch verborgen bleibt. Das kann von tiefen Einsichten reichen bis hin zu Vorahnungen, die sich später verwirklichen.

Rechnen Sie mit Veränderungen in Ihrem Leben.

Dabei werden Ihre Stimmungen jedoch wechseln: Mal grü-
beln Sie tief über aktuelle Probleme nach, mal überfällt Sie
urplötzlich ein Geistesblitz und ein anderes Mal verblüffen Sie
mit Ihrer witzigen und schlagfertigen Argumentation Ihre
»Gegner«. Lesen Sie einmal die Biografien von ungewöhnlichen Menschen, das kann Sie inspirieren. Pflegen Sie vor allem
Freundschaften zu etwas außergewöhnlichen Personen, denn
auch diese inspirieren Sie dieses Jahr sehr.

Glauben Sie an das Unmögliche, doch halten Sie sich nicht mit
Luftschlössern auf, die niemals zu verwirklichen sind. Ändern
Sie ein paar Ihrer alten Gewohnheiten, denn nur wer sich
selbst verändert, kann auch Veränderungen in größerem Aus-
maß bewirken. Wie wär's mit einer neuen Frisur, einer neuen
Farbe in der Kleidung oder einem neuen Auto?

Auf keinen Fall sollten Sie sich von anderen unnötige oder
unsinnige Vorschriften machen lassen; dagegen dürfen Sie
sich ruhig auf liebenswürdige Weise wehren. Der Einfluss der
4 wird Sie aber auf jeden Fall überraschen: Veränderungen finden sowohl innerlich als auch äußerlich in Ihrem Leben statt
und eine innere Verjüngung ebenfalls.

Die Zahl 4 kann in dem errechneten Jahr eine Glückszahl für
Sie werden – oder eine Schicksalszahl. Sie ist mit dem Wesen
des *Uranus* und des Tierkreiszeichens *Wassermann* verwandt!

Die 5 als Jahres- oder Ereigniszahl

Kommt die 5 als Jahreszahl für Sie in Betracht, kann diese auch von einer zweistelligen Zahl (14, 23, 32 oder 50) auf eine 5 reduziert werden. Lesen Sie deshalb neben diesem Abschnitt auch bei der 14 oder 23 nach, wenn Sie eine dieser Zahlen errechnet haben.

Zeigen Sie Ihre vielseitigen Begabungen.

Zeigen Sie in diesem Jahr Ihre vielseitigen Begabungen. Sie werden Ihre Ziele jetzt am leichtesten verwirklichen können, wenn Sie Ihren starken Glauben mit Ihren starken Wünschen verbinden. In diesem Jahr werden sich wohl einige Abwechslungen in Ihrem Leben ergeben. Vielleicht ein Umzug, eine interessante Reise, eine neue partnerschaftliche Verbindung. Auch Ihre Sprachbegabung kann Ihnen dieses Jahr von Nutzen sein – oder Ihre geistige Wendigkeit.

Ihrer Aufmerksamkeit entgeht kaum etwas, doch in der Liebe sollten Sie Ihre logische Vernunft mal pausieren lassen, denn Liebe hat rein gar nichts mit Logik zu tun. Das Jahr eignet sich sehr gut für Arbeit in den Medien, im Verkauf, für Reisetätigkeit, für Beschäftigung in der Werbung, bei Verlagen, für Öffentlichkeitsarbeit oder für Arbeit am Computer. Schonen Sie Ihre Nerven, denn diese werden jetzt von vielen interessanten Dingen, Neuigkeiten und Informationen überflutet. Nüsse, Milch oder Vitamin-B-Komplex-Tabletten tun Ihnen jetzt gut, sonst erleben Sie manche schlaflose Nacht, weil Ihr Kopf einfach nicht abschalten kann. Setzen Sie Ihre gute Menschenkenntnis ein und umgeben Sie sich nicht mit den falschen Freunden oder Beratern. Auf jeden Fall werden Sie sich sehr schnell an alle neuen Situationen gewöhnen und flexibel auf jede sich bietende Veränderung reagieren können.

Wer zusätzlich eine astrologische Jahresanalyse mit seinen exakten Geburtszeitangaben (sind beim Standesamt Ihres Geburtsortes zu erfragen) in seine Planungen mit einbezieht, hat natürlich die größten Chancen, genau zum richtigen Zeitpunkt die passenden Aktionen zu starten. Umgekehrt schenkt Ihnen die Astrologie auch den klaren Überblick, zu welchen Zeiten es besser wäre, einen Gang rückwärts zu schalten, zu bremsen oder abzuwarten, denn mit ihrer Hilfe kann man die »Qualität der Zeit« berechnen, die speziell für Sie wirkt.

Die Zahl 5 kann in dem errechneten Jahr eine Glückszahl für Sie werden – oder eine Schicksalszahl. Sie ist mit dem Wesen des *Merkur* und der Tierkreiszeichen *Zwillinge* und *Jungfrau* verwandt!

Eine astrologische Jahresanalyse zusätzlich kann hilfreich sein.

Die 6 als Jahres- oder Ereigniszahl

Kommt die 6 als Jahreszahl für Sie in Betracht, kann diese auch von einer zweistelligen Zahl (15, 24, 33 oder 42) auf eine 6 reduziert werden. Lesen Sie deshalb zusätzlich unter 15 oder 24 nach, falls eine dieser beiden Zahlen auf Sie zutrifft.

In diesem Jahr sollten Sie nicht nach rein sexuellen Abenteuern suchen, sondern einer ganzheitlichen Liebe den Vorzug geben. Setzen Sie Ihr unwiderstehliches Lächeln ein – es wirkt wahre Wunder. Ihre Ausstrahlung nimmt erheblich zu und deshalb ziehen Sie einige Menschen magnetisch an. Wenn Sie nicht unter Prahlerei oder Verschwendungssucht leiden, dann haben Sie dieses Jahr die besten Möglichkeiten, sowohl die Liebe zu finden (oder eine schon vorhandene Beziehung auszubauen), aber auch Glück mit Geldangelegenheiten zu erleben und dabei noch äußerst kreativ zu sein (manchmal auch im biologischen Sinne).

Die Zahl 6 kann in dem errechneten Jahr eine Glückszahl für Sie werden – oder eine Schicksalszahl. Sie ist mit dem Wesen der *Venus* und der Tierkreiszeichen *Stier* und *Waage* verwandt!

Die 7 als Jahres- oder Ereigniszahl

Kommt die 7 als Jahreszahl für Sie in Betracht, kann diese auch von einer zweistelligen Zahl (16, 25, 34 oder 43) auf eine 7 reduziert werden. Lesen Sie auch unter der 16 nach, falls Sie diese Zahl errechnet haben.

Spezielle Talente kommen zum Vorschein.

Wenn Sie dieses Jahr einen Erfolg errungen haben, sollten Sie gleich weiterarbeiten, um ihn noch auszubauen. Jetzt werden Ihre Träume intensiver oder Sie entdecken neue Geheimnisse (der Mythologie, der Esoterik oder einer Grenzwissenschaft). Sie werden vielleicht sogar einige hellseherische Erfahrungen machen, doch das meiste spielt sich dieses Jahr in Ihrem Innern ab. Möglicherweise kommen eigenartige Talente plötzlich an die Oberfläche. Stehen Sie dazu, einen etwas eigenwilligen Charakter zu entwickeln; das macht Sie umso interessanter.

Jetzt könnten Sie auch in Not geratenen Menschen helfen oder für Hilfsorganisationen und Wohlfahrtsverbände aktiv werden, doch als »seelischen Abfalleimer« sollten Sie sich nicht degradieren lassen, sonst endet dies im »hilflosen Helfer«. Hektik und Stress gehen Sie besser aus dem Weg; das vertragen Sie jetzt schlecht. Suchen Sie die Stille, die Ruhe, denn nur dann kann Bewusstsein wachsen. Das Wasser in allen Erscheinungen tut Ihnen gut (ein Urlaub am Meer, ein Spaziergang an einem See, am Bachufer ein Buch lesen u. Ä.). Aus philosophischen Einsichten oder geistigen Überlieferungen entwickeln sich jetzt in Ihnen tiefe Erkenntnisse, in welche Lebensrichtung Sie sich bewegen sollten. Achten Sie auf Ihre innere Stimme und auf Ihre Träume; auch diese schicken bedeutungsvolle Botschaften in Ihr Bewusstsein (siehe den Abschnitt über »Traumdeutung«).

Die Zahl 7 kann in dem errechneten Jahr eine Glückszahl für Sie werden – oder eine Schicksalszahl. Sie ist mit dem Wesen des *Neptun* und des Tierkreiszeichens *Fische* verwandt!

Die 8 als Jahres- oder Ereigniszahl

Kommt die 8 als Jahreszahl für Sie in Betracht, kann diese auch von einer zweistelligen Zahl (17, 26, 35 oder 44) auf eine 8 reduziert werden. Lesen Sie auch unter der 17 nach.

Das Jahr fordert Sie auf, ein harmonisches Gleichgewicht von Körper, Geist und Seele herzustellen. Es ist keine Sünde, nach Glück zu streben. Werden Sie aktiv! Sollte die Jahreszahl 8 mit Ihrem Geburtsdatum oder mit Ihrer Geburts- und Namenszahl identisch sein, dann wird dieses Jahr wohl schicksalsträchtig für Sie werden. Jetzt empfiehlt es sich wirklich, zusätzlich eine astrologische Jahresanalyse erstellen zu lassen (genaue Geburtzeit bitte am Standesamt Ihres Geburtsortes erfragen). Hier können Sie deutlich erkennen, ob gleichzeitig auch schwierige Saturn-Transite auf Sie einwirken, und vor allem zu welchen Zeiten. Es könnten karmische Lektionen stattfinden, doch trotz eines schweren Weges wäre auch ein erfolgreicher Abschluss durchaus möglich. Alle Ereignisse dieses Jahres könnten für Sie zum »Lehrer« werden.

Stellen Sie ein harmonisches Gleichgewicht zwischen Körper, Geist und Seele her.

Die 8 als Jahreszahl empfiehlt Ihnen, viel Ausdauer, Geduld, Konzentration, Stille, Rückzug und Kontemplation zu praktizieren. Es ist nur von Vorteil, wenn Sie sich von allzu hektischen oder oberflächlichen Aktivitäten zurückziehen und bisweilen ein bisschen Einsiedler spielen.

Sind Sie schon in höheren Positionen tätig, dann ist jetzt viel Selbstbeherrschung, Mut und Bescheidenheit gefragt, um diesen Posten zu festigen oder auszubauen. Vielleicht müssen Sie auch einige Opfer bringen, doch es würde sich lohnen. Mit Disziplin und Weisheit kommen Sie jetzt am besten voran und diese Tugenden sollten Sie ehrlichen Herzens weiter in sich aktivieren. Die Zahl 8 kann in dem errechneten Jahr eine Glückszahl für Sie werden – oder eine Schicksalzahl. Sie ist mit dem Wesen des *Saturn* und des Tierkreiszeichens *Steinbock* verwandt!

Die 9 als Jahres- oder Ereigniszahl

Kommt die 9 als Jahres- oder Ereigniszahl für Sie in Betracht, kann diese auch von einer zweistelligen Zahl (18, 27, 35 oder 45) auf die einstellige 9 reduziert werden. Lesen Sie – falls Sie die 18 als Ergebnis herausbekommen haben – auch unter dieser Zahl nach.

Nutzen Sie Ihre Kraft für wichtige und echte Ziele.

Die Jahreszahl 9 rät Ihnen, weise oder kluge Personen aufzusuchen und diese um Rat zu bitten, falls es einmal nicht mehr so recht weitergeht. In diesem Jahr brauchen Sie Mut, Freude am Risiko, Durchsetzungsvermögen, Wille und Entschlossenheit. So können Sie Ihre Ziele am besten erreichen. Vermeiden Sie allerdings zu viel Egoismus, Jähzorn und Ellbogenmentalität. Ein mutiger Kämpfer ist stets fair und setzt seine Kraft für die wirklich wichtigen und echten Ziele ein. Bisweilen müssen Sie ganz schnell in kurzer Zeit wichtige Entscheidungen treffen.

Ist auch Ihre Geburts- oder Namenszahl die 9, dann sollten Sie den Fuß von Ihrem inneren Gaspedal nehmen. Ist Ihre Geburts- und Namenszahl jedoch nicht so impulsiv, dann heißt es jetzt, diese Wesensmerkmale zu aktivieren. Auch in Sachen Liebe kann es durchaus leidenschaftlich werden, doch die heißen Gefühle sind nicht unbedingt gut für einen Hochzeitstermin, denn dazu braucht man mehr innere Sicherheit und Ruhe. Sie könnten jetzt relativ schnell zum Kern einer Angelegenheit vordringen. Mit der 9 als Jahreszahl kann man durch weise Vorgehensweise wirklich große Durchbrüche oder Neuanfänge riskieren und dabei auch noch erfolgreich sein: nur Mut!

Die Zahl 9 kann in dem errechneten Jahr eine Glückszahl für Sie werden – oder eine Schicksalszahl. Sie ist mit dem Wesen und der Energie des *Mars* und des Tierkreiszeichens *Widder* verwandt!

Die 10 als Jahres- oder Ereigniszahl

Ergeben Ihre Berechnungen für das Sie interessierende Jahr die Zahl 10 (zum Beispiel wenn Sie am 20.4. geboren sind und die Ereignisfärbung des Jahres 2002 herausfinden wollen), dann sollten Sie sich positive Lebensveränderungen bereits zu Beginn des Jahres fest vornehmen. Setzen Sie all Ihre Energie und Ihr Geschick ein und stellen Sie sich das Endresultat schon bildlich vor. »Imaginiere und befehle« ist das Hauptmotto der 10.

Setzen Sie außergewöhnliche Pläne um.

Das Jahr ist günstig, um außergewöhnliche Pläne und Ziele durchzusetzen. Auf Selbstdisziplin und viel Mitgefühl dürfen Sie allerdings nicht verzichten. Das ist die notwendige Grundenergie, um jegliche Zerstörungsenergie abzuwenden oder zu verhindern. Zeigen Sie sich anpassungsfähig und intelligent, das sind die besten Bausteine auf dem Weg zu Ihrem Erfolg. Ihr gutes Gedächtnis kommt Ihnen jetzt des Öfteren zu Hilfe, aber auch Ihr diplomatisches Geschick werden Sie gut einsetzen können. Übertriebenen Egoismus sollten Sie auf jeden Fall vermeiden, denn das weckt polare Kräfte und führt zu Misserfolgen.

Sie können dieses Jahr selbst entscheiden, wie Ihr Leben weiterhin verlaufen soll. Bei positiver Grundeinstellung schenkt Ihnen die 10 ein gesundes Selbstvertrauen, den Glauben an den guten Ausgang einer wichtigen Sache und am Ende dann die ersehnte Anerkennung (ob privat oder beruflich). Je höher Ihre Persönlichkeit ausgerichtet ist, desto größer sind Ihre Erfolge in diesem Jahr!

Die 11 als Jahres- oder Ereigniszahl

Ergeben Ihre Berechnungen die Jahreszahl 11 (zum Beispiel wenn Sie am 3.4. geboren sind und die Ereignisfärbung des Jahres 2002 finden wollen), dann besitzen Sie hoffentlich eine günstige Geburts- oder Namenszahl als positives Gegengewicht zu dieser schwierigen 11er-Schwingung.

Für das Jahr mit der 11 als Ereigniszahl gilt eine ganz große Warnung: Hüten Sie sich davor, Ihre Ziele und Pläne anderen mitzuteilen! Nur längst erprobten Freunden sollten Sie sich anvertrauen. Jetzt lauern einige verborgene Gefahren, und Neider haben die Absicht, Ihnen einen Strich durch die Rechnung zu machen.

Missgunst, Intrigen, Heimlichkeiten, Verrat durch andere und ähnlich unschöne Erlebnisse warten dieses Jahr auf Bewältigung Ihrerseits – vielleicht ein Test?

Finden Sie einen Kompromiss zwischen allen wirkenden Kräften.

Jetzt dürfte es schwierig sein, zwei unterschiedliche Ziele zu vereinen. Eine dritte Kraft (eine Idee oder eine Person) ignoriert den Standpunkt der einen Seite und sabotiert so jede Harmonie.

Versuchen Sie immer, den Ursprung dieser trennenden Macht (Kraft) sofort zu identifizieren. Danach sollte ein guter Kompromiss zwischen allen wirkenden Kräften gefunden werden. Keine leichte Aufgabe. Aber auch in Ihnen selbst finden polare Kämpfe statt. Zwei Kräfte oder zwei Wünsche arbeiten des Öfteren gegeneinander. Doch auch diese Kräfte oder Wünsche sollten vereinigt werden, sonst folgt die Enttäuschung auf dem Fuß.

Leisten Sie sich, wenn es schwierig wird, doch eine astrologische Jahresanalyse. Auf jeden Fall sollten Sie Ihre Geheimnisse so lange hüten, bis sie keiner mehr durchkreuzen kann. Vermeiden Sie auch jegliche Illusionen und bleiben Sie sich selbst treu!

Die 12 als Jahres- oder Ereigniszahl

Ist die von Ihnen gefundene Jahreszahl die Zahl 12 (zum Beispiel wenn Sie am 7.1. geboren sind und die Ereignisfärbung des Jahres 2002 berechnen wollen), dann besitzen Sie hoffentlich eine günstigere Geburts- oder Namenszahl als positives Gegengewicht zu dieser schwierigen 12er-Schwingung.

Dieses Jahr werden andere Menschen versuchen, Sie zu benutzen, auszunutzen oder Ihre Energie vor deren Karren zu spannen. Auch Intrigen oder Verleumdungen sind jetzt zu erwarten, doch Sie können diese nur schlecht abwenden. Bleiben Sie vorsichtshalber immer ehrlich zu sich selbst und zu anderen. Sie strahlen etwas aus, das Sie dieses Jahr leicht zum »Opfer« machen kann. Bringen Sie jedoch nur notwendige Opfer, um Ihr Wissen zu erweitern. Von anderen wichtigen Lebenszielen sollten Sie sich auf keinen Fall abbringen lassen. Suchen Sie nur in Ihrem eigenen Innern nach der Lösung von Problemen. In diesem Jahr müssen Sie viel lernen, doch mit Selbstaufopferung hat dies nichts zu tun. Wenn Sie zum Opfer geworden sind, sollten Sie die eigene psychologische Ursache dafür herausfinden. War Ihr Selbstwertgefühl geschrumpft? Hatten Sie Angst, sich durchzusetzen, wütend zu werden, sich abzuwenden. Warum? Reagieren Sie auf Verleumdungen anderer am besten mit Nichtbeachtung oder Verachtung. Nur wenn Ihre Ehre angegriffen wird, sollten Sie sich mächtiger zur Wehr setzen (Anklage erheben). Opfern Sie auf keinen Fall Ihre persönlichen Ziele dem Ehrgeiz anderer Menschen!

Lassen Sie sich nicht von wichtigen Lebenszielen abbringen.

Wenn sich Probleme auftun und Sie den Überblick verlieren, dann leisten Sie sich dieses Jahr doch mal eine astrologische Jahresanalyse oder eine persönliche Beratung!

Die 13 als Jahres- oder Ereigniszahl

Ergeben Ihre Berechnungen für das Jahr die Zahl 13 (zum Beispiel) wenn Sie am 6.3. geboren sind und die Ereignisfärbung des Jahres 2002 wissen wollen), dann wird in dem betreffenden Jahr (in unserem Beispiel im Jahr 2002) die Schwingung der 13 für Sie aktuell werden.

Das Jahr scheint größere Veränderungen für Sie vorgesehen zu haben. Ursachen zeigen jetzt ihre Wirkungen. Revolution,

*Riskante Unter-
nehmungen oder
Spekulationen
sollten Sie
vermeiden.*

Umwälzung und Auflehnung führen dagegen ins Chaos. Je nachdem, wo Ihr Leben festgefahren ist und kein Wachstum mehr beinhaltet, wird Altes zerstört werden, damit Sie etwas Neues aufbauen können. Es kann sein, dass Ihre Affekte (Wut, Zorn, Sinnlichkeit oder Nervosität) besonders stark werden. Bauen Sie diese negativen Energien möglichst durch viel Sport ab. Hüten Sie sich auch vor riskanten Unternehmungen oder gar Spekulationen. Vermutlich findet in diesem Jahr auch ein wichtiger Transit des *Uranus* auf Ihr Geburtshoroskop statt.

Trotz aller Mäßigung werden unerwartete oder einschneidende Ereignisse stattfinden. Nur wer die eigene Macht zu selbstsüchtigen Zwecken missbraucht, wird nun große Fehlschläge erleben. Auch revolutionäres Verhalten, Widerstand oder Rebellion führen jetzt nur zu einem negativen Endresultat.

Wenn Sie sich dagegen allen auftauchenden Veränderungen willig beugen, verstärkt dies die positive Schwingung der 13. Dann können Sie Altes verändern und Neues aufbauen!

Die 14 als Jahres- oder Ereigniszahl

Berechnen Sie für ein Jahr die Zahl 14 (zum Beispiel wenn Sie am 4.6. geboren sind und die Ereignisfärbung des Jahres 2002 herausfinden wollen), dann wird in diesem Jahr (in unserem Beispiel im Jahr 2002) die Schwingung der 14 für Sie aktuell werden.

Es kann sein, dass Sie mit der Öffentlichkeit zu tun haben, vermehrt mit dem Bereich Kommunikation, Schreiben, Verlage oder Medien. Das neue Jahr bringt Abwechslung und Veränderung in Ihr Leben. Sie werden viele Kontakte mit Menschen erleben oder mit Ländern, durch Reisen – oder alternativ einen Ortswechsel vornehmen. Möglicherweise kommen Sie mit Naturgewalten in Berührung (Erdbeben, Stürme, Gewitter, Feuer oder Überschwemmungen). Vorsicht ist hier geboten.

Leider sind Sie des Öfteren zu pessimistisch eingestellt. Doch Sie werden merken, dass sich – sobald Sie optimistisch denken oder einfach ein bisschen Galgenhumor einsetzen – der Erfolg bald einstellen wird.

Ihre Intuition und Ihre innere Stimme sind wichtige Quellen.

Verlassen Sie sich in diesem Jahr nicht auf andere Menschen, sondern vor allem auf Ihre Intuition und Ihre innere Stimme. Es kann sein, dass ein Mensch Ihnen eine Situation oder Sachlage völlig falsch darstellt und Sie Nachteile daraus haben. Mit Geld oder Spekulationen haben Sie dieses Jahr Glück, doch auch hier sollten Sie nicht zu vertrauensselig sein oder die Ratschläge anderer befolgen. Irgendein boshafter Mensch in Ihrer Umgebung vergönnt Ihnen das Glück nicht und ist bestrebt, Sie vom richtigen Weg wegzulocken!

Die 15 als Jahres- oder Ereigniszahl

Haben Sie für ein Jahr die Zahl 15 berechnet (zum Beispiel wenn Sie am 31.7. geboren sind und die Färbung des Jahres 2002 mit allen Ereignissen wissen wollen), dann wird in diesem Jahr die Schwingung der Zahl 15 für Sie aktuell werden.

Sie besitzen jetzt besonders magische Kräfte, doch vor allen Praktiken in schwarzer Magie sollten Sie sich hüten (vor den Zahlen 4 und 8, vor niedrigem Okkultismus, vor Hypnose oder mentaler Suggestion). Sie sind oft zum rechten Zeitpunkt am richtigen Ort und ein geheimer Zauber führt Sie zu den passenden Menschen oder Situationen. Ihre Redebegabung wird jetzt gestärkt, aber auch in Musik, Kunst oder Theater können Sie Erfolge erzielen. Ihr Charisma ist groß und Ihre Anziehungskraft auf andere schier unwiderstehlich. Das kann auch zu sinnlichen Versuchungen führen. Vermeiden Sie es, mit List und Tücke Ihre Ziele zu verwirklichen. Dann werden Sie auch in puncto Geld viel Positives erleben.

Vielleicht kommen Sie dieses Jahr ganz unerwartet zu einem

höheren Gehalt, zu einer Erbschaft, zu einem finanziellen Geschenk. Vor allem wenn die finanziellen Mittel mal knapp werden, ist der Zustrom wieder offen. Andererseits wird man Ihnen auch viele kleine Gefälligkeiten erweisen. In diesem Jahr haben Sie die große Möglichkeit, anderen Menschen Glück zu schenken und Licht in jedes Dunkel zu bringen. Einzige Voraussetzung dafür: Sie benutzen Ihre magische Ausstrahlungskraft nicht für ausschließlich selbstsüchtige Zwecke!

Die 16 als Jahres- oder Ereigniszahl

Ergaben Ihre Berechnungen für ein Jahr die Zahl 16 (zum Beispiel, wenn Sie am 4.8. geboren sind und die Färbung des Jahres 2002 mit allen Ereignissen wissen wollen), dann wird in diesem Jahr die Schwingung der Zahl 16 für Sie aktuell werden.

Gehen Sie lieber Schritt für Schritt vor.

Diese Jahr dürfte schwierig werden, denn die 16 zieht ungewöhnliche Schicksalsschläge oder verhängnisvolle und rätselhafte Begebenheiten an. Gehen Sie jetzt keine unnötigen Wagnisse ein; planen Sie jeden Schritt besonders sorgfältig. Streben Sie nicht nach einer hohen Karriere (Turm), das könnte Sie zu Fall bringen. Auch jeder übertriebene Egoismus ist genauso riskant wie zu große Impulsivität. Möglicherweise haben Sie mit einer entzündlichen oder fiebrigen Erkrankung zu kämpfen. Hüten Sie sich vor niedrigen Leidenschaften und eigenartigen Gelüsten. Hören Sie nur auf Ihre innere Stimme. Streben Sie dieses Jahr nicht nach Ruhm und Anerkennung, sondern suchen Sie Ihr Glück eher im Privatbereich. Achten Sie auf Ihre Träume (siehe den Abschnitt über »Traumdeutung«); diese senden Ihnen wichtige Botschaften der Seele. Auch Ihre Intuition warnt Sie jetzt stark vor allen drohenden Gefahren. Besorgen Sie sich ein gutes Traumdeutungslexikon (siehe Literaturverzeichnis), denn Sie finden Ihr Glück dieses Jahr nur in Ihrem eigenen Innern!

Die 17 als Jahres- oder Ereigniszahl

Ergaben Ihre Berechnungen für ein Jahr die Zahl 17, weil Sie beispielsweise am 4.8. geboren sind und die Färbung des Jahres 2003 mit allen Ereignissen wissen wollten, dann wird in diesem Jahr die Schwingung der Zahl 17 für Sie aktuell werden. Das Jahr dürfte Ihnen meistens viel Liebe und inneren Frieden bringen. Sie können sich jetzt weiterentwickeln, weil Sie durch Probleme, Hindernisse oder Leiden wachsen können.

Sie haben gute Chancen, wertvolle Taten zum Nutzen anderer zu vollbringen.

Ihr Wachstum tritt am schnellsten ein, wenn Sie sich geistig über all diese Ereignisse erheben. Jetzt haben Sie die besten Möglichkeiten und Chancen, wertvolle Taten und Werke zum Nutzen anderer Menschen zu vollbringen. Sollten Sie etwas bauen, schreiben, erschaffen oder vollenden, dann kann dieses Werk sogar über Ihren Tod hinaus bekannt sein, Sie damit unsterblich machen.

Gerechtigkeit und Friedensliebe sind jetzt Ihre Wegbereiter zum Glück. Leider geben Sie bisweilen auch dort nach, wo Sie sich eigentlich mehr durchsetzen sollten. Achten Sie darauf, nicht allzu gutmütig zu werden, sondern schieben Sie auch mal kräftig an und zeigen Sie »Ihre Zähne«. Enttäuschungen und Missverständnisse haben Sie sich selbst zuzuschreiben, wenn Sie allzu kompromissbereit sind und aus lauter Harmoniebedürfnis zu oft nachgeben!

Die 18 als Jahres- oder Ereigniszahl

Ergaben Ihre Berechnungen für das neue Jahr die Zahl 18, weil Sie am 24.8. geboren sind und die Färbung des Jahres 2002 mit allen Ereignissen wissen wollten, dann wird in diesem Jahr die Schwingung der Zahl 18 für Sie aktuell werden.

In diesem Jahr könnten Familienstreitigkeiten ein großes Thema werden oder zu vielen Konflikten führen. Bei manchen Menschen werden sogar Krieg, Aufruhr oder Revolution im näheren Umfeld stattfinden. Eigenartigerweise könnten Sie für sich selbst aus diesen Unruhen sogar neue Verdienstmöglichkeiten schöpfen. Möglicherweise werden Sie auch von Freunden verraten oder getäuscht. Sie sollten sich auch vor Blitz, Gewitter, Sturm, Strom oder den Naturelementen in Acht nehmen und nicht mit elektrischen Leitungen herumhantieren. Bauen Sie viele Zahlen der 6er-Reihe in Ihr Leben ein (Hausnummer, Ort, Telefonnummer, Autokennzeichen u. Ä.) – das schafft ein positives Gegengewicht zu der etwas schwierigen 18.

Zuverlässiges Arbeiten gibt Ihnen Sicherheit.

Wichtig ist, dass Sie in diesem Jahr ganz zuverlässig arbeiten. Vor allem Ihr Streben nach geistiger Höherentwicklung oder nach Spiritualität kann Ihnen jetzt Glück bringen. Suchen Sie nach geeigneten Wissensgebieten und erweitern Sie diese geistige Ausrichtung in Ihnen selbst.

Werden Sie angelogen, zeigen Sie sich offen und ehrlich. Begegnen Sie Hass, dann antworten Sie darauf mit Liebe. Erleben Sie Grausamkeit, dann reagieren Sie darauf mit Freundlichkeit. So wird alle negative Schwingung der 18 in eine positive 6 verwandelt. In manchen Fällen ergibt sich dann sogar eine geistige Erleuchtung. Jeder zu große Materialismus in Ihnen hemmt nur Ihre geistigen und spirituellen Kräfte, die jetzt wachsen wollen!

Die 19 als Jahres- oder Ereigniszahl

Haben Sie für ein Jahr die Zahl 19 berechnet (zum Beispiel weil Sie am 25.8. geboren sind und die Färbung des Jahres 2002 mit allen Ereignissen wissen wollen), dann wird in diesem Jahr die Schwingung der Zahl 19 für Sie aktuell werden.

Das könnte wahrlich ein *Sonnen*-Jahr für Sie werden! Herzlichen Glückwunsch, denn diese Zahl zieht förmlich positive Ereignisse, Anerkennung, Erfolg, Freude und Zuversicht an.

Selbst nach kurzfristigen oder zeitweisen Fehlschlägen wird die weitere Entwicklung erfolgreich verlaufen. Lediglich vor zu großem Übermut und zu großer Begeisterung sollten Sie sich jetzt vorsichtshalber hüten. Der Erfolg kommt meistens urplötzlich – sowohl in beruflichen Angelegenheiten als auch im Privatleben.

Sie kommen mühelos voran und das Glück steht auf Ihrer Seite.

Selbst wenn Ihre ursprüngliche Geburtszahl nicht so günstig ausfällt, werden Sie in diesem Jahr doch viel Glück erleben.

Auf Ihrem eingeschlagenen Lebensweg kommen Sie mühelos voran. Lassen Sie Ihre »innere Sonne« immer wieder nach außen leuchten; das verstärkt die positive Schwingung der 19 und deren Glück bringende Wirkung in den kommenden Ereignissen.

Wer will, kann die 19 noch öfters in sein Leben mit einbauen (Hausnummer, gesamte Adresse, Orte, Telefonnummer, Autokennzeichen oder die 19 im Lottospiel) – eine Verstärkung der positiven Ereignisse wird dadurch möglich!

Die 20 als Jahres- oder Ereigniszahl

Ergaben Ihre Berechnungen für ein Jahr die Zahl 20 – etwa weil Sie am 8.8. geboren sind und die Färbung des Jahres 2002 mit allen Ereignissen wissen wollten –, dann wird in diesem Jahr die Schwingung der Zahl 20 für Sie aktuell werden.

Dieses Jahr ist weniger materiell ausgerichtet, sondern sollte vor allem für eine große Tat oder Handlung verwendet werden. Zwar ruft die Zahl 20 zur Geduld auf, doch andererseits kann nun ein großes Erwachen in Ihnen selbst stattfinden. Neue Pläne, neue Ziele, neu geweckter Ehrgeiz, neue Wege schälen sich dabei heraus. Achten Sie jetzt auf Ihre Träume (siehe auch den Abschnitt über »Traumdeutung«), denn die liefern Ihnen bedeutende Zukunftsvisionen. Besorgen Sie sich ein gutes Traumdeutungslexikon (siehe Literaturverzeichnis).

In diesen visionären Träumen wird Ihre Zukunft bildlich dargestellt. Jetzt haben Sie die Möglichkeit, alle positiven Träume in die Realität umzusetzen – und die negativen Träume oder Visionen auszuschalten.

Entwickeln Sie Ihr geistiges und spirituelles Potenzial.

Geistig und spirituell können Sie in diesem Jahr enorm wachsen. Vor allem durch geistige Erkenntnisse und durch seelische Weiterentwicklung werden Sie frühere Blockaden, Hindernisse, Hemmungen und Verzögerungen überwinden können. Wer zudem die wirtschaftlichen Aspekte des Lebens aktivieren will, sollte sich zusätzlich mit den Zahlen 6, 24 oder 33 umgeben!

Die 21 als Jahres- oder Ereigniszahl

Ergaben Ihre Berechnungen für ein Jahr die Zahl 21, dann wird in diesem Jahr die Schwingung der Zahl 21 für Sie aktuell werden.

Sehr günstig wäre es, wenn Sie sich schon im mittleren Lebensalter befänden. Denn die 21 weist darauf hin, dass Sie jetzt günstige Vorsorge für einen sorgenfreien Lebensabend tragen können. Wer noch mitten im Leben steht und an seiner Karriere arbeitet, hat ebenfalls Glück zu erwarten. Vor allem wenn in den letzten Jahren viele Seelenprüfungen oder andere Tests oder Probleme zu bewältigen waren.

Jetzt erfahren Sie endlich positive Ergebnisse: Beruflicher Aufstieg ist in Sicht, aber auch hohe Anerkennungen könnten Ihnen zuteil werden (sowohl geistig als auch weltlich gesehen). Sie können in diesem Jahr die schöne Erfahrung machen, was es heißt, Glück im Leben zu haben. Entweder werden Sie jetzt befördert oder aber Sie erleben positive Unterstützung von Freunden, Verwandten und Bekannten. Jetzt können Sie frühere Schwächen überwinden und besiegen. Freuen Sie sich darauf!

Bleiben Sie weiterhin standhaft, und achten Sie darauf, dass Ihr Leben nach »einer höheren Bestimmung« ausgerichtet ist. Auch im finanziellen Bereich werden Sie erfreulichen Zuwachs oder Erleichterungen verspüren!

Die 22 als Jahres- oder Ereigniszahl

Ergeben Ihre Berechnungen für ein Jahr die Zahl 22, dann wird in diesem Jahr die Schwingung der Zahl 22 für Sie aktuell werden.

Das von Ihnen errechnete Jahr enthält einige Warnungen: Entweder haben Sie sich in manchen Träumen oder in zu vielen Illusionen verfangen. Sie schleppen einen Rucksack voller Irrtümer mit sich herum, doch Sie wehren sich erst, wenn unmittelbare Gefahr droht. Sie sollten schleunigst aus Ihren Träumen erwachen und keinerlei Selbsttäuschungen pflegen. Bisweilen schweben Sie jetzt in »höheren Regionen« und ziehen deshalb Misserfolge an. Sie schenken meistens Menschen Vertrauen, die es gar nicht wert sind. Jetzt sind höchste Wachsamkeit und Vorsicht geboten.

Machen Sie sich nichts vor: Erwachen Sie aus Ihren Träumen!

Lassen Sie sich nicht von der Dummheit oder Hinterhältigkeit anderer Menschen blenden. Sie sollten jede Form von »spiritueller Faulheit« überwinden und stattdessen »spirituelle Aggressivität« entwickeln. Befehlen Sie Ihre Erfolge und erkennen Sie Ihre eigene Macht, die negativen Dinge des Lebens zu verändern. Nur wenn Sie Ihre persönliche Verantwortung anerkennen und diese richtig beherrschen, können Sie am Ende der Geschehnisse selbst »Herr(in) der Dinge« werden.

Sollten Sie jetzt unschuldigerweise in Rechtsstreitigkeiten verwickelt werden, dann müssen Sie sich zur Wehr setzen. Fordern Sie, dass Gerechtigkeit geübt wird, suchen Sie sich einen guten Anwalt und zeigen Sie mal »Ihre Zähne«. Nur wenn Sie all dies gelernt haben, können Sie erleben, dass aus Ihren eigenen Ideen und Träumen durchaus Realität werden kann!

Die 23 als Jahres- oder Ereigniszahl

Ergaben Ihre Berechnungen für ein Jahr die Zahl 23, dann wird in diesem Jahr die Schwingung der Zahl 23 für Sie aktuell werden.

Sie können mit Unterstützung im beruflichen und privaten Bereich rechnen.

In diesem Jahr werden sich einige karmische Belohnungen ereignen: Sie erleben Unterstützung, Hilfe und Schutz in allen persönlichen und beruflichen Aktionen, doch Sie werden auch von Vorgesetzten und anderen Autoritäten gefördert. Die Zahl 23 ermöglicht günstige Protektionen von Menschen in einflussreichen Positionen, bewirkt aber auch Erfolge in einer eher geistigen Tätigkeit.

Möglicherweise machen Sie in diesem Jahr sogar eine Erbschaft. Vieles wird jetzt belohnt, das Sie in früheren Inkarnationen an Gutem geleistet haben. Sie erleben die wohltuende Gunst von Verwandten und anderen einflussreichen Beschützern. Zeigen Sie sich würdig und dankbar über diese Gaben des Schicksals, denn Sie werden nicht vielen Menschen und auch nicht andauernd verschenkt.

Es würde sich lohnen, in diesem Jahr des Öfteren die Zahl 23 zu Hilfe zu nehmen (Lottospiel, Adresse, Orte, Telefonnummern, Autokennzeichen und vieles andere mehr) oder alternativ die Zahlen 5, 14, 32, 41 oder 50, damit sich die positive Schwingung Ihrer Glückszahl noch erhöht!

Die 24 als Jahres- oder Ereigniszahl

Haben Sie für ein Jahr die Zahl 24 berechnet, dann wird in diesem Jahr die Schwingung der Zahl 24 (die sich aus Ihrem Geburtstag, Ihrem Geburtsmonat und dem Jahr, dessen Ereigniszahl sie wissen wollen, ergibt) für Sie aktuell werden.

In diesem Jahr werden Sie viele karmische Belohnungen empfangen können. Die Zahl 24 verheißt Glück im Leben oder
wohltuende Hilfe und Unterstützung von Gleichgesinnten
und Freunden. Auch Ihre Vorgesetzten werden Sie kräftig fördern wollen, denn die Zahl 24 verspricht den Beistand der
Mächtigen. Sie können fast sicher sein, dass sich Ihr finanziel-
ler Erfolg dieses Jahr gewaltig steigern lässt. Sie werden aber
auch Menschen von hohem Stand oder von hoher Bildung
kennen lernen – alles förderlich auf Ihrem weiteren Lebensweg.

Freuen Sie sich auf glückliche Stunden in der Liebe.

Dieses Jahr haben Sie auch das Glück in der Liebe zur Seite,
denn Sie besitzen jetzt eine starke Anziehungskraft auf das
andere Geschlecht. Die einzige Stolperfalle, die Sie beachten
sollten: Hüten Sie sich vor zu viel Selbstherrlichkeit und Arroganz – sowohl in beruflichen, in finanziellen als auch in lie-
besmäßigen Angelegenheiten. Ein jetziger Missbrauch der
Glückszahl 24 kann in späteren Leben zu einer schwierigeren
Geburtszahl führen (die man ja nicht verändern kann).
Vermeiden Sie jede Form von Selbstsucht und widerstehen Sie
allzu oberflächlichen Versuchungen. Sie sollten auch nicht zu
nachsichtig mit sich selbst sein. Wer keinerlei Gleichgültigkeit
kultiviert, dem wird durch die Zahl 24 sehr viel Kreativität
zufließen, viel Liebe und viel Geld!

Tipp: Wer sich noch intensiver mit dem spannenden Bereich
der *Numerologie* (Ihr Geburtsdatum, Ihre komplette Geburtszahl, Ihre Namenszahl) beschäftigen will, sollte sich mein
neues Buch über *Zahlenmagie* besorgen. Dort sind viele
unterstützende Hilfsmittel besprochen, die Ihr persönliches
Glück aktivieren!

Anhang

Ihr Aszendent

Kennen Sie schon Ihren Aszendenten? Der Aszendent (AC) ist das Tierkreiszeichen, das zum Zeitpunkt Ihrer Geburt am östlichen Horizont aufsteigt. Nur mit Kenntnis der genauen Geburtszeit kann man diesen wichtigen Punkt errechnen.

Die Umwelt nimmt eher den Aszendenten als das Sonnenzeichen wahr.

Ihr Aszendent prägt Ihren ersten Eindruck von dieser Welt; er zeigt auch auf, wie andere Menschen Sie wahrnehmen. Ihre Art aufzutreten, ist im Aszendenten erkennbar.

Auch unser Temperament wird stark vom Aszendenten stimuliert und geprägt. Deshalb verhalten wir uns oft anders, als es im Sonnenzeichen beschrieben steht. Der Aszendent beeinflusst neben den rein genetischen Vererbungen aber auch unser Aussehen. Deshalb ist es für Astrologen oft einfacher, den Aszendenten eines Menschen zu erraten als das Sonnenzeichen, das erst nach längerer Unterhaltung durchschimmert. Von großer Bedeutung ist auch der Herrscher des Aszendentenzeichens und seine Position im Geburtshoroskop. Dadurch kann man erkennen, wie dieser Mensch seine Energien am natürlichsten entfalten und ausdrücken kann. Die Mischung aus Sonnenzeichen und Aszendenten enthält viele weitere und äußerst interessante Auskünfte.

Fazit: Es ist spannender als der beste Krimi, in die eigene Seele hinabzusteigen und sich selbst zu erforschen!

Mithilfe der folgenden **Aszendententabelle** können Sie ganz leicht und schnell Ihren Aszendenten selbst errechnen:

1. Suchen Sie in der oberen Leiste Ihren Geburtsmonat und Ihr Geburtsdatum.
2. Suchen Sie in der Tabelle darunter nach Ihrer Geburtszeit.
3. Jetzt können Sie in der gleichen Spalte ganz links Ihren Aszendenten ablesen!

Monat vom bis	Januar			Februar			März			April		
	1. 10.	11. 20.	21. 31.	1. 10.	11. 20.	21. 28.	1. 10.	11. 20.	21. 31.	1. 10.	11. 20.	21. 30.
♈ Widder	11:50 12:25	11:10 11:45	10:30 11:05	09:50 10:25	09:10 09:45	08:30 09:10	07:55 08:30	07:15 07:50	06:35 07:10	05:55 06:30	05:15 05:50	04:30 05:10
♉ Stier	12:45 13:30	12:00 12:50	11:20 12:05	10:45 11:30	10:00 10:45	09:30 10:10	08:45 09:35	08:05 08:50	07:25 08:15	06:45 07:35	06:05 06:50	05:30 06:10
♊ Zwillinge	13:55 15:10	13:20 14:25	12:35 13:50	11:55 13:10	11:15 12:30	10:35 11:55	10:05 11:15	09:20 10:35	08:40 09:55	08:00 09:15	07:20 08:35	06:35 07:55
♋ Krebs	15:50 17:30	15:10 16:50	14:30 16:10	13:50 15:30	13:10 14:50	12:40 14:20	11:55 13:35	11:15 12:55	10:35 12:15	09:55 11:35	09:15 10:50	08:40 10:20
♌ Löwe	18:20 20:15	17:40 19:35	17:00 18:55	16:20 18:25	15:40 17:35	15:10 17:00	14:25 16:20	13:45 15:40	13:05 15:00	12:25 14:15	11:40 13:40	11:10 13:00
♍ Jungfrau	21:00 22:55	20:20 22:15	19:40 21:35	19:00 20:55	18:20 20:15	17:45 19:35	17:05 19:00	16:30 18:20	15:45 17:50	15:05 17:00	14:30 16:20	13:45 15:35
♎ Waage	23:50 01:45	23:10 01:05	22:30 00:25	21:50 23:45	21:10 23:05	20:30 22:30	19:55 21:50	19:15 21:10	18:35 20:30	17:55 19:50	17:15 19:10	16:30 18:30
♏ Skorpion	02:30 04:25	01:50 03:45	01:10 03:05	00:30 02:25	23:50 01:45	23:20 01:10	22:35 00:25	21:55 23:50	21:15 23:05	20:35 22:25	19:55 21:50	19:20 21:10
♐ Schütze	05:20 07:00	04:40 06:20	04:00 05:40	03:20 05:00	02:40 04:20	02:05 03:45	01:20 03:05	00:45 02:25	00:05 01:45	23:32 01:05	22:45 00:25	22:05 23:45
♑ Steinbock	07:50 09:05	07:10 08:25	06:30 07:45	05:50 07:05	05:10 06:25	04:35 05:45	03:55 05:10	03:15 04:40	02:35 04:15	01:55 03:10	01:15 02:30	00:35 01:45
♒ Wassermann	09:40 10:25	09:00 09:40	08:20 09:05	07:40 08:25	07:00 07:40	06:20 07:10	05:45 06:30	05:05 05:50	04:25 05:10	03:45 04:30	03:05 03:50	02:20 03:10
♓ Fische	11:00 11:35	10:15 10:50	09:35 10:15	09:00 09:35	08:15 08:50	07:45 08:15	07:05 07:40	06:20 06:55	05:45 06:20	05:05 05:40	04:20 04:55	03:45 04:15

Monat vom bis	Mai 1. 10.	Mai 11. 20.	Mai 21. 31.	Juni 1. 10.	Juni 11. 20.	Juni 21. 30.	Juli 1. 10.	Juli 11. 20.	Juli 21. 31.	August 1. 10.	August 11. 20.	August 21. 31.
♈ Widder	03:55 04:30	03:15 03:50	02:30 03:10	01:55 02:30	01:15 01:50	00:30 01:05	23:50 00:25	23:10 23:45	22:30 23:05	21:50 22:25	21:10 21:45	20:20 20:55
♉ Stier	04:45 05:30	04:05 04:50	03:30 04:10	02:45 03:30	02:05 02:55	01:20 02:05	00:45 01:30	00:00 00:45	23:20 00:05	22:40 23:25	22:00 22:45	21:15 22:05
♊ Zwillinge	06:00 07:15	05:20 06:15	04:35 05:55	04:00 05:15	03:20 04:35	02:35 03:50	01:55 03:10	01:15 02:30	00:35 01:50	23:55 01:10	23:15 00:30	22:35 23:45
♋ Krebs	07:55 09:35	07:15 08:50	06:40 08:15	05:55 07:35	05:15 06:50	04:30 06:10	03:50 05:30	03:10 04:50	02:30 04:00	01:50 03:30	01:10 02:50	00:25 02:05
♌ Löwe	10:25 12:20	09:40 11:40	09:05 11:00	08:25 10:20	07:40 09:40	07:00 08:55	06:20 08:15	05:40 07:35	05:00 06:55	04:20 06:15	03:40 05:35	02:55 04:45
♍ Jungfrau	13:05 15:00	12:30 14:20	11:45 13:35	11:05 13:00	10:30 12:20	09:40 11:35	09:00 10:55	08:20 10:15	07:40 09:35	07:00 08:55	06:20 08:15	05:30 07:30
♎ Waage	15:55 17:50	15:15 17:05	14:30 16:30	13:55 15:50	13:15 15:10	12:30 14:25	11:50 13:45	11:10 13:05	10:30 12:25	09:50 11:45	09:10 11:05	08:30 10:20
♏ Skorpion	18:35 20:25	17:50 19:45	17:20 19:10	16:35 18:25	15:55 17:10	15:10 17:05	14:30 16:25	13:50 15:45	13:10 15:05	12:30 14:25	11:50 13:45	11:05 13:00
♐ Schütze	21:20 23:05	20:40 22:20	20:05 21:45	19:20 21:05	18:00 20:10	17:45 19:45	17:20 19:00	16:40 18:20	16:00 17:40	15:20 17:00	14:40 16:20	13:55 15:30
♑ Steinbock	23:55 01:10	23:10 00:25	22:35 23:45	21:55 23:10	21:10 22:30	20:30 21:45	19:50 21:05	19:10 20:25	18:30 19:45	17:50 19:05	17:10 18:25	16:20 17:35
♒ Wassermann	01:45 02:30	01:05 01:50	00:20 01:10	23:45 00:30	23:05 23:50	22:20 23:05	21:40 23:25	21:00 21:45	20:20 21:05	19:40 20:25	19:00 19:45	18:10 18:55
♓ Fische	03:00 03:35	02:20 02:55	01:45 02:15	01:00 01:35	00:20 00:55	23:40 00:15	23:00 23:35	22:15 22:50	21:40 22:10	21:00 21:35	20:15 20:50	19:30 20:05

Monat vom bis	September 1. 10.	September 11. 20.	September 21. 30.	Oktober 1. 10.	Oktober 11. 20.	Oktober 21. 31.	November 1. 10.	November 11. 20.	November 21. 30.	Dezember 1. 10.	Dezember 11. 20.	Dezember 21. 31.
♈ Widder	19:45 20:20	19:05 09:40	18:20 18:55	17:45 18:15	17:00 17:35	16:20 16:55	15:45 16:20	15:05 15:40	14:25 15:00	13:45 14:20	13:05 13:40	12:30 13:05
♉ Stier	20:40 21:25	19:55 20:40	19:15 20:00	18:30 19:20	17:55 18:40	17:15 18:00	16:40 17:25	16:00 16:45	15:15 16:05	14:40 15:25	14:00 14:45	13:20 14:05
♊ Zwillinge	21:50 23:00	21:10 22:25	20:25 21:40	19:50 21:00	19:05 20:20	18:25 19:40	17:50 19:00	17:10 18:25	16:35 17:45	15:50 17:00	15:10 16:25	14:35 15:50
♋ Krebs	23:40 01:25	23:05 00:50	22:20 00:05	21:40 23:20	21:00 22:40	20:20 22:05	19:40 21:25	19:05 20:50	18:25 20:05	17:40 19:25	17:05 18:50	16:30 18:10
♌ Löwe	02:15 04:10	01:40 03:30	00:55 02:45	00:20 02:05	23:30 01:25	22:55 00:55	22:05 00:10	21:40 23:30	20:55 22:45	20:15 22:10	19:40 21:30	19:00 20:55
♍ Jungfrau	04:55 06:50	04:15 06:10	03:30 05:25	02:50 04:45	02:10 04:05	01:30 03:25	00:55 02:50	00:15 02:10	23:30 01:30	22:55 00:50	22:15 00:10	21:40 23:35
♎ Waage	07:45 09:35	07:05 09:00	06:20 08:15	05:45 07:35	05:00 06:55	04:20 06:15	03:45 05:35	03:05 05:00	02:30 04:20	01:45 03:35	01:05 03:00	00:30 02:25
♏ Skorpion	10:20 12:25	09:45 11:40	09:00 10:55	08:20 10:15	07:40 09:35	07:00 08:55	06:20 08:15	05:45 07:40	05:05 06:55	04:20 06:15	03:45 05:40	03:10 05:05
♐ Schütze	13:10 14:55	12:35 14:15	11:50 13:30	11:10 12:50	10:30 12:10	09:50 11:30	09:10 10:55	08:35 10:15	07:50 09:30	07:10 08:55	06:35 08:15	06:00 07:40
♑ Steinbock	15:45 17:00	15:05 16:20	14:20 15:35	13:40 14:55	13:00 14:15	12:20 13:35	11:45 13:00	11:05 12:15	10:20 11:35	09:45 11:00	09:05 10:20	08:30 09:45
♒ Wassermann	17:35 18:20	16:55 17:40	16:10 16:55	15:30 16:15	14:50 15:35	14:10 14:55	13:30 14:20	12:50 13:40	12:10 12:55	11:35 12:20	10:55 11:45	10:20 10:05
♓ Fische	18:50 19:25	18:15 18:50	17:30 18:05	16:50 17:25	16:10 16:45	15:30 16:05	14:50 15:25	14:15 14:50	13:30 14:05	12:50 13:25	12:15 12:50	11:40 12:15

Aszendent Widder

Der Widder-Aszendent sieht das Leben viel stärker als eine Herausforderung, als ein anderes Tierkreiszeichen dies je empfinden könnte. Man will gerne den ersten Platz einnehmen, Anführer eines Rudels sein, Aktionen starten und neue Dinge anreißen. So sind Menschen mit dem Aszendenten Widder in ständiger Unruhe oder zumindest in gespannter Erwartungshaltung, denn: »Wer zu spät kommt, den bestraft das Leben.«

Sie spielen gern die erste Geige.

Als Widder-Aszendent sind Sie von Geburt an recht spontan und energiegeladen. Sie besitzen einen großen Wunsch nach Unabhängigkeit und wollen eigene Entscheidungen treffen (außer Sie hätten einen weichen Planeten wie Mond oder Venus am Aszendenten platziert).

Ihr Wille ist stark ausgeprägt und Sie sind auch sehr schnell begeisterungsfähig. Ihre Besuche fallen oft ohne Voranmeldung aus und auch Ihre Mimik und Gestik sind ständig in Bewegung.

»Wo ein Wille ist, ist auch ein Weg«, zählt zu Ihren Mottos. Bisweilen reagieren Sie jedoch viel zu impulsiv und handeln dann so energisch, dass Sie Ihre Umgebung und die Mitmenschen damit vor den Kopf stoßen. Ihr Wille und Ihre Entschlusskraft sind andererseits oftmals eine Garantie für das Gelingen. Entweder neigen Sie selbst zu kleinen Verletzungen oder aber Sie sorgen für Bewegung und Unruhe in Ihrer Umgebung: Dann fallen manchmal ein paar Gläser oder andere Gegenstände Ihnen selbst oder anderen Menschen aus der Hand, sobald Sie den Raum betreten, denn: »Wo gehobelt wird, da fallen Späne.«

Sie sollten Ihre angeborene Power immer wieder sportlich

abreagieren, denn Ihr Körper produziert vermehrt Adrenalin. Ein Widder, der sich nicht ständig körperlich abreagiert, geht sonst anderen Menschen mit seiner überschießenden Energie und Unruhe auf die Nerven.

Sehr oft schwärmen Widder-Aszendenten für schnelle Autos (wie zum Beispiel Michael Schumacher, AC Widder, geb. 3.1.1969) und wollen natürlich solch einen flotten Flitzer besitzen. Dafür geben sie relativ schnell und unbedenklich ihr Geld aus, doch auch hier sind kleine Karambolagen keine Seltenheit!

Durchstarten heißt Ihr Motto.

Sie überlegen nicht so lange wie ein typisches Erdzeichen (Stier, Jungfrau oder Steinbock), sondern stürmen voller Elan und Tatendrang drauflos, denn: »Was du heute kannst besorgen, das verschiebe nicht auf morgen.« Selbst wenn der Widder-Aszendent noch gar nicht weiß, wohin die Richtung gehen soll – »starten« ist seine Devise. Dass man dabei andere bisweilen über den Haufen rennt oder beiseite drängt, nimmt er im Eifer des Gefechts oft gar nicht wahr. Dann ist er ganz erstaunt, dass manche Mitmenschen beleidigt reagieren oder ihn für ziemlich rücksichtslos halten. Es fehlt ihm einfach ein bisschen Feingefühl für die Bedürfnisse anderer Menschen.

Der Widder-Aszendent ist der geborene Einzelkämpfer, doch er will auch lieben. Seine wilde Entschlossenheit, sein Mut, seine Durchsetzungskraft zeigen sich in forschem Auftreten, in heftigen Bewegungen und in einem flotten Laufschritt.

Meistens verläuft auch die Geburt eines Widder-Aszendent-Babys ganz plötzlich und schnell. Dem Widder pressiert's schon am ersten Tag, damit er ja nichts verpasst. Trotzdem oder gerade deswegen ist die Lebensaufgabe eines Widder-Aszendenten, mehr Rücksichtnahme, mehr Geduld, bewusstes Handeln zu lernen und Kompromisse zu suchen.

Ihr sechstes Haus (Gesundheit) steht in der *Jungfrau.* Wichtig ist deshalb, Ihre Gefühle und Bedürfnisse auszudrücken und sich dabei nicht unterzuordnen. Gehen Sie fürsorglich mit Ihrer Gesundheit um, doch sorgen Sie sich nicht zu sehr. Reinigungsdiäten oder Fastenkuren sind von Zeit zu Zeit sehr hilfreich!

Widder ist Herrscher von Haus eins

Hier zeigt sich Ihr Image.

Hier geht es um unsere Selbstdarstellung, um unser Ego, um die Ansprüche und das Verhalten des Ich, um unser Geltungsstreben. In diesem Haus zeigt sich die Person, wie sie anderen erscheint, wie sie auf andere zugeht, und hier erfahren wir unser Image. Stehen Planeten in diesem Haus, dann erleben wir diese Lebensbereiche besonders deutlich!

Aszendent Stier

Das Tempo des Auftretens mäßigt sich beim Stier, denn: »Gut Ding will Weile haben.« So lässt er sich auch bei der Geburt etwas Zeit und startet sein Leben langsam, denn er geht lieber »auf Nummer sicher«. Dort, wo es geschützt und gemütlich ist, lässt er sich gerne nieder. Die Freuden des Lebens gefallen ihm, denn: »Essen und Trinken hält Leib und Seele zusammen.«

Sie wirken vertrauensvoll und sind charmant.

Er hat ein gutes Gefühl für Formen und Geschmack sowie eine Vorliebe fürs Geld. Ein Stier-Aszendent strahlt meistens Wärme und innere Zufriedenheit aus. Er kann geduldig und lange auf einen günstigen Moment warten. Unermüdlich arbeitet er an seinen wichtigen Zielen und so schnell bringt ihn nichts aus der Ruhe.

Was er besitzt, lässt er nicht mehr los. Das bringt einerseits Beständigkeit und Besitz (»My home is my castle«) in sein Leben, doch andererseits macht es den Stier-Aszendenten etwas schwerfällig gegenüber wichtigen Veränderungen. Die Macht der Gewohnheit lässt ihn bisweilen sogar recht unflexibel und stur werden. Als äußeres Erscheinungsbild ist oft der breite Stiernacken vorzufinden oder eine etwas rundliche Statur.

Bei Ihren Mitmenschen erwecken Sie schnell Vertrauen durch Ihre besonnene Art und Ihren Realitätssinn. Aber Sie sind auch höflich und besitzen eine Portion Charme, denn Ihre Herrscherin *Venus* schenkt Ihnen diese Gaben ohne jegliche Anstrengung: »Die süßesten Kirschen sind die aus Nachbars Garten!«

Sie handeln lieber nach altbewährten Methoden, als Neues auszuprobieren. Man könnte Sie bisweilen als stur oder verstockt bezeichnen, doch die schönen Dinge dieser Welt verlieren Sie nie ganz aus den Augen (Liebe, Erotik und sinnliche Genüsse aller Art). Trotzdem halten Sie in schweren Zeiten lange durch und sind »krisenfest«.

Bisweilen neigen Sie aber auch zu Unnachgiebigkeit oder Verschlossenheit, vor allem wenn Ihre ureigensten Interessen angegriffen oder infrage gestellt werden.

Sie lieben die Natur. Sie handeln gern nach bewährten Methoden, was Sie in Ihren Reaktionen bisweilen etwas langsam macht. Sie werden wohl ein eher gemäßigtes Tempo in allen Angelegenheiten des Lebens vorlegen (Ausnahme: *Mars* im Widder oder *Mars-Uranus*-Aspekte). Positiv gelebt besitzen Sie viel Natürlichkeit und der Kontakt mit der Natur ist zum Aufladen Ihrer Kräfte segensreich. Was Sie ärgern kann, ist die Tatsache, dass oft »die dümmsten Bauern die größten Kartoffeln ernten«!

Die Lernaufgabe des Stier-Aszendenten wäre das Loslassen von unnützem Ballast, von Gier und die tiefere Auseinandersetzung mit dem Leben. Meist finden sich Neptun-, Uranus- und Pluto-Spannungsaspekte im eigenen Geburtshoroskop, die diese Aufgabe unterstützen. »Lerne mehr Beweglichkeit in allem«, lautet die Aufgabe. Ihre Geburtsherrscherin *Venus* stimuliert Ästhetik und Harmonie; so kann ein Stier-Aszendent über die Liebe und durch schöpferische Aktivitäten diese Lernaufgaben leichter bewältigen. Unser Dasein pulsiert im Stirb und Werde. Dadurch bleibt es lebendig – genau das sollte ein Stier-Aszendent in diesem Leben lernen.

Venus herrscht auch über Ihr sechstes Haus (in der Waage), und so tun Ihnen Wellness-Wochenenden in einem Gesundheitshotel recht gut. Analysieren Sie immer Ihre Partnerschaft, arbeiten Sie an einer guten Beziehung. Lassen Sie »es« hier nicht schleifen. Aber auch schöne Musik oder die Künste (als Hobby) unterstützen kräftig Ihre Heilung und Gesundheit!

Stier ist Herrscher von Haus zwei

Hier geht es um Besitz, um Substanz, um Raumansprüche, um den eigenen Energiehaushalt, die Vorratssicherung, um unsere Talente, unsere finanziellen Mittel, um unser Vermögen, um den Selbstwert und die Selbstverteidigung. Sind Planeten in diesem Haus, dann erleben wir diese Bereiche besonders deutlich!

Hier geht es um Ihren Besitz und Ihre Talente.

Aszendent Zwillinge

Die Neugierde ist eine seiner wichtigsten Antriebe. Kaum die Welt betreten, war der Zwillinge-Aszendent schon ganz entzückt von den vielen Eindrücken, die diese ihm bot. »Sich regen bringt Segen«, gehört zu seinem Motto. Alles ist äußerst interessant, was um ihn herum geschieht. Deshalb kann er sich nur schwer für eine Sache entscheiden, weil ihm dann andere Dinge möglicherweise durch die Finger gleiten.

Sie legen sich ungern fest und sind äußerst vielseitig.

Das führt natürlich oft zwangsläufig zur Zersplitterung, zur Rastlosigkeit oder zu manchen Oberflächlichkeiten. Der Zwillinge-Aszendent nimmt die Welt erst mal durch geistige Wahrnehmung auf. So vernachlässigt er seine emotionalen, gefühlsmäßigen oder körperlichen Bedürfnisse. All das erscheint ihm nämlich ein wenig diffus oder einschränkend gegenüber seiner geistigen Freiheit. Deshalb legt er sich ungern fest, hält sich in zwischenmenschlichen Beziehungen mit Vorliebe ein paar Türen offen und hat bisweilen Terminprobleme.

Als Zwillinge-Aszendent wirken Sie auf Ihre Mitmenschen äußerst beweglich und vielseitig. Manche werfen Ihnen sogar vor, Ihre Vielseitigkeit sei unberechenbar. Neugierig und aufgeschlossen gehen Sie auf Menschen oder Aufgaben zu und widmen sich Ihren Interessen.

Ihre markantesten Eigenschaften sind Ihre Kontaktfreude und -fähigkeit sowie Ihre große Aufgeschlossenheit vielen Dingen gegenüber. Sie reden oder schreiben gern und sind an allen Neuigkeiten in dieser Welt interessiert. Denken Sie aber auch an das Sprichwort: »Reden ist Silber, Schweigen ist Gold.« Die Telekom freut sich sicher über die monatliche Abrechnung, denn Zwillinge-Aszendenten telefonieren oft, gerne und lange!

Sie beobachten alles und ziehen sämtliche Möglichkeiten in Erwägung. Dies führt allerdings auch wieder dazu, dass Sie sich des Öfteren nicht entscheiden können. Ihre Schnelligkeit und Beweglichkeit ermöglichen Ihnen rasche Reaktionen. Als Zwillinge-Aszendent können Sie gut vermitteln, stellen gerne Verbindungen zwischen den Menschen her und geben auch all Ihr Wissen (oder Ihre Neuigkeiten) bereitwillig an andere weiter, denn Ihr Geburtsherrscher ist *Merkur*. Diese Planetenenergie befähigt zur gedanklichen Kombination der Erkenntnisse. Mit ihm wollen wir lernen, Informationen und Wissen sammeln und diese in Worte und Begriffe fassen. Diese rein intellektuellen Fähigkeiten sind jedoch nicht mit Weisheit (*Jupiter*, Haus neun) gleichzusetzen!

Kommunikation und Medien sind elementar für Sie.

Kommunikation und Medien spielen bei Ihnen eine sehr große Rolle. Zwillinge-Aszendenten ohne Telefon, Video, Radio oder CD-Player werden gemütskrank.

Als Zwillinge-Aszendent beobachten Sie gern und dadurch öffnen sich Ihnen eine Vielzahl von Möglichkeiten. Allerdings haben Sie auch Probleme mit klaren Entscheidungen, denn Ihre Interessen und Neigungen sind weit gestreut. Wie könnte man sich für eine Sache entscheiden, wenn man dadurch andere Möglichkeiten kurzzeitig aufgeben müsste?

Andere Menschen halten Sie vielleicht für zu oberflächlich.

Die körperliche Erscheinung eines Zwillinge-Aszendenten ist meistens recht feingliedrig und jugendlich (auch im Alter). Franz Beckenbauer beweist uns das, Steffi Graf, Henry Kissinger oder Louis de Funès (alle besitzen einen Zwillinge-Aszendenten).

Sie haben ein Gespür für Details, verlieren sich aber oft darin oder sehen den Wald vor lauter Bäumen nicht mehr. Die Flut an Informationen überspült Sie oft und schnell verlieren Sie dann Ihren Blick für die höheren beziehungsweise tieferen Erkenntnisse.

Diese gewinnt man nur in der Stille, wenn man sich vom hektischen Alltag zurückzieht. Nur dann kann man den Blick für einen größeren Zusammenhang schärfen. »Ein Ganzes ist mehr als die Summe seiner Teile«, wäre ein passender Lernschritt für den Zwillinge-Aszendenten. Meiden Sie jegliche Oberflächlichkeit, und lernen Sie, sich beeindrucken zu lassen und die Synthese zu finden.

Folgen Sie Ihrem eigenen Weg. Beim Zwillinge-Aszendenten steht das sechste Haus (Gesundheit) im Zeichen *Skorpion*. Sie sollten immer hinterfragen, ob es auch wirklich Ihr eigener Weg ist, dem Sie folgen. Womöglich dienen Sie fast unbemerkt einem fremden oder alten Sippenmuster. Falls Verstopfung oder Darmprobleme auftauchen, dann sollten Sie sich fragen, was Sie nicht loslassen können. Im Falle einer Krankheit brauchen Sie intensive Heilungsprozesse, denn da hilft keine sanfte Badekur. Selbsterfahrungen sind förderlich, verschiedene psychotherapeutische Behandlungen, die alles Unbewusste ins Bewusstsein holen und tiefe energetische Blockaden lösen!

Zwillinge ist Herrscher von Haus drei

Hier bilden wir uns, entwickeln unsere Lernfähigkeit, unsere Sprache, unsere Kultur und das Kollektive. Hier werden Denknormen übermittelt. Planeten im dritten Haus zeigen unsere natürlichen Kontakte auf, unsere Verwandtschaft, die Nachbarn und unsere Geschwister. Sind Planeten in diesem Haus, dann erleben wir diese Bereiche besonders deutlich!

Aszendent Krebs

Der Krebs-Aszendent nimmt seine Welt vor allem emotional wahr. Seine Feinfühligkeit für das ihn umgebende Umfeld macht ihn auch äußerst empfindsam für die Bedürfnisse anderer Menschen. Zugleich setzt er sich damit einer ständigen Gefahr aus, verletzt zu werden. Deshalb will er nicht vorwärts drängen, sondern krebst lieber seit- oder rückwärts, damit ihn kein anderer umrennen kann. Auch von der eigenen Empfindsamkeit wird er bisweilen förmlich überwältigt. Beim Krebs-Aszendenten spielt der Einfluss des *Mondes* eine starke Rolle, der die Gefühlsnatur stimuliert und je nach Zeichen, Haus und seinen Aspekten unseren Kontaktwunsch, unser Bedürfnis nach Zärtlichkeit, Verständnis und unsere seelische Geborgenheit symbolisiert.

Sie sind äußerst empfindsam und stehen unter dem Einfluss des Mondes.

Als Krebs-Aszendent reagierten Sie schon bei der Geburt sehr sensibel auf aggressive, bedrohliche oder störende Einflüsse von außen. Ganz schlimm ist es für Sie, wenn geliebte Personen Ihnen gegenüber eine mangelnde Zuwendung zeigen. Wechselnde Stimmungen (Mond = Luna = Launen) überschwemmen Ihre Gefühlslage. Wenn Sie sich davor gar nicht mehr retten können, ziehen Sie sich zurück, um einer Überflutung Ihres melancholischen Temperaments zu entgehen. Passende Sprichwörter für den Krebs wären: »Der Apfel fällt nicht weit vom Stamm« oder »Aufgeschoben ist nicht aufgehoben«! Äußerlich weist ein Krebs-Aszendent (auch Hans-Dietrich Genscher, 21.3.1927) meistens weiche Gesichtszüge (mondförmig) oder einen eher rundlichen Körper auf.

Andere Menschen fühlen sich durchaus hingezogen zu Ihrer fürsorglichen Art und vertrauen Ihnen gerne ihre Sorgen und Nöte an. Ein Aszendent Krebs geht nie gerne und direkt auf die Dinge zu, sondern er bevorzugt seinen typischen Krebs-Gang (Umwege, etwas seit- oder rückwärts) oder drei Schritte vor und zwei zurück. Sie bleiben sehr lange Ihrer kindlichen Unschuld treu und oft ein Leben lang den Eltern seelisch stark verbunden (im positiven als auch im negativen Sinne). Ihre Erinnerungen aus der Kindheit sind für Sie realer als Ihre zukünftigen Möglichkeiten. So lebt der Krebs oft mehr in der Vergangenheit und ist weniger an der Zukunft interessiert.

Entwickeln Sie mehr Mut zum eigenen Ich.

Sie halten sich lieber an vertraute Methoden (und Menschen) und am wohlsten fühlen Sie sich dort, wo Sie seelische Geborgenheit empfinden (»Trautes Heim, Glück allein!«). Dann öffnen Sie sich und zeigen Ihr Mitgefühl, das liebe Menschen gerne in Anspruch nehmen dürfen. Sie sind meist nur in einer Stimmung, die Ihnen voll entspricht, und dort, wo Sie sich auch gefühlsmäßig wohl fühlen, kontaktfreudig. Ansonsten wirken Sie ein bisschen scheu und reserviert. Ihre sehr empfindsame Veranlagung ermöglicht es Ihnen, Ihre Mitmenschen schnell zu verstehen. Der Nachteil daran ist Ihre geringe Frustrationstoleranz. Schnell sind Sie verletzt und reagieren darauf beleidigt mit Rückzug.

Sie brauchen öfter mal eine kleine Ruhepause, um sich zu regenerieren. Ihre emotionale Sicherheit erhalten Sie sich durch vorsichtiges Festhalten an gewohnten Verhaltensweisen, an Erziehungsmustern oder an gesellschaftlichen Konventionen. Dies liefert Ihnen den für Sie notwendigen Schutz vor Verletzungen. Die eigene Wohnung und die Familie spielen eine große Rolle für Ihre psychische Stabilität. Sind Sie ein Feuer- oder Erdzeichen mit Krebs-Aszendent, so könnten Sie durch berufliche Aktivitäten und den daraus resultierenden Erfolgen so manche seelische Unsicherheit oder Stimmungsschwankung des Krebs-Aszendenten wettmachen.

Die Lernaufgabe Ihres Krebs-Aszendenten ist, sich eine stabilere Schale zuzulegen, damit Sie sich besser schützen und abgrenzen können. Dann werden Sie auch mutiger in der Außenwelt auftreten. Sie sollten andere nicht durch Ihre Empfindsamkeit manipulieren (auch Selbstmitleid führt zu nichts), sondern mehr Mut zum eigenen Ich entwickeln. »Lerne mehr Selbstständigkeit im Auftreten«, ist Ihre Lebensaufgabe.

Beim Krebs-Aszendenten befindet sich im sechsten Haus (Gesundheit) das Zeichen *Schütze*. Sie sollten wissen, dass Gesundheit wichtig ist, um sich selbst zu entwickeln. Ab und zu eine Auslandsreise und alle nichtheimischen Arzneien, Tees, Kräuter etc. tun Ihnen echt gut. Wie wär's mal mit einer ayurvedischen Kur?

Lernen Sie, sich abzugrenzen.

Krebs ist Herrscher von Haus vier

Dieses Haus enthält das Kollektiv, symbolisiert die Zugehörigkeit zu einer Familie, zeigt unsere Herkunft, unsere Heimat und unsere Mutterbeziehung auf. In diesem Haus sind wir mit den Traditionen verbunden, hier empfinden wir ein Nestgefühl, eine Heimatverbundenheit oder entwickeln unser Urvertrauen. Sind Planeten in diesem Haus, dann erleben wir diese Bereiche besonders deutlich!

Aszendent Löwe

Selbstverständlich weiß ein Löwe-Aszendent schon bei der Geburt, dass die Welt förmlich auf ihn gewartet hat und dass er etwas ganz Besonderes ist, doch er sollte daran denken: »Es ist nicht alles Gold, was glänzt!«

Sie besitzen sehr viel Kreativität.

Er fühlt sich oft und gern als Mittelpunkt des Geschehens und zieht, wenn es sein muss, sogar mit Gebrüll die Aufmerksamkeit des Publikums auf seine Person. Da er fest von seiner eigenen Wichtigkeit überzeugt ist (Vorsicht: »Eigenlob stinkt!«), begegnet er unserer Welt selbstsicher. Als Strahlemann/-frau empfängt der Löwe-Aszendent dann auch die entsprechend große Beachtung oder den Respekt seiner Umgebung. Die meisten seiner Handlungen sind deshalb auf Wirkung, auf Anerkennung oder auf Beifall ausgerichtet, und so stellt sich ein Löwe-Aszendent auch gerne zur Schau. Giorgio Armani (11.7.1934) hatte ebenfalls einen Löwe-Aszendenten, aber auch Richard Burton oder Maurice Chevalier profitierten von dieser angeborenen königlichen Ausstrahlung.

Ein Löwe-Aszendent ist ungeheuer kreativ. Sein Auftreten oder seine Erscheinung ist einfach nicht zu übersehen. Meist wirkt er attraktiv auf andere; sein stolzer und selbstbewusster Gang und sein Strahlen im Gesicht zeugen davon. Viele besitzen sogar noch eine auffallende Löwenmähne, doch alle eignen sich für Führungs- oder Repräsentationsaufgaben.

Der Löwe-Aszendent erhöht Ihr Charisma und Sie strahlen eine natürliche Autorität aus. Ihre Anstrengungen sind mehr auf die großen Dinge gerichtet. Sie möchten alles, was Sie tun, aus Überzeugung tun können und verachten kleinliche Charaktere und Verhaltensweisen. Sie zeigen Ihre Abneigung ganz deutlich, denn blöde oder unbedeutende Personen strafen Sie mit königlicher Nichtbeachtung. Neigen Sie eher zum Angriff, dann ist Arroganz Ihre Waffe, doch denken Sie daran: »Arroganz ist das Selbstbewusstsein des Minderwertigkeitskomplexes!« Es ist deshalb wichtig, dass Sie sich durch Ihre Leistungen das Umfeld schaffen, in dem Sie im Großen wirken können. Sonst wäre nur Platz für Prahlerei und erborgte Allüren, aber: »Hochmut kommt meist vor dem Fall.« Allerdings bestehen wenig Zweifel, dass es Ihnen gelingen wird, die Sphäre von Größe und Freiheit zu sichern, um sich wohl fühlen zu können.

Sie haben schauspielerisches Talent.

Sie besitzen von Natur aus schauspielerische Talente, die Sie bei Ihrem Auftreten und in Ihrer Wirkung auf andere einsetzen. Leider sind bisweilen auch theatralische Auftritte in diesem Repertoire mit enthalten!

Alles dreht sich meist um Sie selbst, doch oft sehen Sie die Welt zu sehr als Bühne, auf der man seinem persönlichen Geltungsbedürfnis nachkommt. Dann sind Sie nicht sensibel und offen genug für die Wünsche und Bedürfnisse anderer. Negativ bestrahlt stellt ein Löwe-Aszendent seine angeborene Autorität in den Dienst der eigenen Selbstverherrlichung. Positiv bestrahlt beschützt er all seine Lieben und wird seine großzügige Ader zeigen. Wen er liebt, der steht unter seinem persönlichen Schutz (wie auch im Tierreich).

Die *Sonne* ist seine Impulsgeberin. Sie stimuliert die Qualität des Selbstbewusstseins. Sie schenkt uns Lebensenergie und ihre Kraft steuert unseren Willen und unsere Lebensziele.

Das polare Zeichen *Wassermann* könnte Sie daran erinnern, dass reine Selbstverwirklichung nicht unbedingt auf Kosten anderer gehen muss, denn einen Teil davon kann man sehr gut für gemeinschaftliche oder humanitäre Ziele einsetzen. »Lerne zu differenzieren.« Wer nämlich so viel königliche Huldigung und Aufmerksamkeit für sich selbst in Anspruch nimmt (»Vermeide jeden Stolz«), sollte im Gegenzug auch seine königlichen Pflichten (Dienst am Nächsten) erfüllen, denn ein König ist in erster Linie »der oberste Diener seines Volkes«.

Beim Löwe-Aszendenten befindet sich das Zeichen *Steinbock* im sechsten Haus (Gesundheit). Sie sollten deshalb volle Verantwortung für Ihre Gesundheit übernehmen. Doch der Löwe-Aszendent hat dafür wenig Interesse. So werden kleine Beschwerden gerne verdrängt. Wichtig wäre für Sie, in der Gesundheitsvorsorge diszipliniert und konsequent zu sein. Traditionelle Heilweisen wirken bei Ihnen besonders gut, alternative Methoden dafür weniger. Sie brauchen auch in der Therapie feste Strukturen, dann geht es Ihnen bald besser!

Gesundheit ist ein wichtiges Thema für Sie.

Löwe ist Herrscher von Haus fünf

Hier zeigt sich unsere Spielwiese, hier erproben wir uns selbst, hier experimentieren wir und entwickeln Risikofreude. Dazu gehören künstlerischer Ausdruck, der Einsatz von Talenten, Freizeitvergnügungen, das Imponiergehabe und die Erotik. Und natürlich auch die biologischen Resultate dieser erotischen Vergnügungen. Sind Planeten in diesem Haus, dann erleben wir diese Bereiche besonders deutlich!

Aszendent Jungfrau

Durch den Jungfrau-Aszendenten sind Sie von Natur aus eher vorsichtig und zurückhaltend, sowohl anderen wie auch sich selbst gegenüber kritisch eingestellt. Sie suchen nach Perfektion (z. B. in der Arbeit, zu Hause, in einem Wissensgebiet) und möchten keine leeren Versprechungen abgeben. So bleiben Sie lieber im Hintergrund, bis Sie Ihre Umgebung genau beobachtet haben (»Vorsicht ist die Mutter der Porzellankiste«). Nur wenn es aus sachlichen oder fachlichen Gründen gerechtfertigt ist, treten Sie in Erscheinung.

Es fällt Ihnen leichter, etwas für andere als für sich selbst zu fordern.

Es fällt Ihnen wesentlich leichter, zugunsten einer Sache oder eines Schwächeren Ansprüche zu stellen als für sich selbst. Ein Jungfrau-Aszendent nimmt meistens seine persönlichen Anliegen und Wünsche zu wenig wahr oder traut sich nicht, konkret etwas zu fordern.

Schon bei der Geburt war der erste Eindruck eine eher nüchterne Bestandsaufnahme. Die Frage nach Nützlichkeit und Produktivität in allen Angelegenheiten ist für Sie von großer Bedeutung. Sie erleben sich als Rädchen einer großen Maschinerie und deshalb stellen Sie persönliche Bedürfnisse leider oft zurück. Sie sind krisenerprobt und problemfest. Auch Helmut Schmidt (23.12.1918) bewies häufig genug seinen schier unermüdlichen Arbeitseinsatz und sein Fachwissen.

Sie wollen Ihre Aufgaben optimal erfüllen und beachten übervorsichtig jedes Detail (»Wer den Pfennig nicht ehrt, ist des Talers nicht wert!«). Dadurch wirken Sie bisweilen zu perfektionistisch oder fast bürokratisch.

Ein Jungfrau-Aszendent ist meist von klassischer Schönheit. Auffallend sind wohlgeformte Körperkonturen (außer Sie haben zum Beispiel Jupiter im ersten Haus oder eine genetisch bedingte Veranlagung zu körperlicher Fülle). Der kritisch-prüfende Blick ist Teil Ihrer Ausstrahlung, denn Sie können glänzend analysieren und gut beobachten. Ihnen entgeht kein noch so winziges Detail einer Person oder Sache.

Der Jungfrau-Aszendent ist kein Draufgänger, Abenteurer oder Sprücheklopfer. Sie werden ohnehin immer wieder von großen Ängsten geplagt. Wenn diese dazu führen, dass Sie sich emotional dem Leben gegenüber verschließen, dann werden Sie starr und unflexibel, was sich nach einiger Zeit auch in der Körperhaltung widerspiegeln wird. Durch Fleiß, unermüd-lichen Arbeitseinsatz und durch Geschäftigkeit versuchen Sie stets dem Unausweichlichen, Unkontrollierbaren oder dem Chaos in allem zu entkommen.

Sie sind ein glänzender Beobachter.

Ein Jungfrau-Aszendent bräuchte noch ein paar feurige oder luftige Elemente, damit er sich nicht als Opfer degradiert. *Merkur* ist Geburtsherrscher der Jungfrau. Er ist die Energie, die wir zum Lernen, zum Kommunizieren und zum Entwickeln eines gesunden Intellekts benötigen. Gerade das Gegenzei-chen *Fische* könnte den Jungfrau-Aszendenten immer wieder daran erinnern, dass es zwischen Himmel und Erde Dinge gibt, die man nicht messen, zählen, wiegen oder gar begreifen kann. »Lerne zu vertrauen und vermeide zu viel Skepsis.« Der Lernschritt des Jungfrau-Aszendenten wäre, mehr Hingabe und Mitgefühl zuzulassen und auch den »unordentlichen« Aspekten des Lebens mutiger zu begegnen.

Das Zeichen *Wassermann* befindet sich in Ihrem sechsten Haus (Gesundheit). Normale Gesundheitstherapien sprechen bei Ihnen nicht an. Sie benötigen ungewöhnliche Heilweisen, die noch nicht von den Schulmedizinern anerkannt werden. Und Sie brauchen gute Freunde oder eine Gruppe Gleichge-sinnter, die Ihnen neue Anregungen liefern werden. Dann fühlen Sie sich wohl!

Jungfrau ist Herrscher von Haus sechs

In diesem Haus geht es um unseren Existenzkampf, die All-
tags- und Arbeitsprobleme, um unsere Leistungsbereitschaft,
unser soziales Engagement, um den Willen und die Bereitschaft zu dienen und um alle psychosomatischen Prozesse.
Sind Planeten in diesem Haus, dann erleben wir diese Bereiche besonders deutlich!

*Hier zeigt sich
Ihre Leistungs-
bereitschaft.*

Aszendent Waage

Aszendent-Waage-Kinder sind ausgesprochen hübsch – vor allem wenn sie durch Kaiserschnitt auf die Welt kamen. Schon an der Mutterbrust lernte das Aszendent-Waage-Baby sehr schnell, dass sein Lächeln die Erwachsenen verzaubert. So zeigt der Waage-Aszendent immer wieder diese Schokoladenseite, denn das ist sein andauernder »Flirt mit dem Leben«. Keine Angst, der Waage-Aszendent ist deshalb noch lange kein Heuchler oder Falschspieler: Er lächelt meistens, denn seine wohlwollende und friedliche Veranlagung, auf die Mitmenschen zuzugehen, veranlasst ihn dazu.

Sie sind äußerst charmant.

Natürlich verstärkt sich das Schönheits- und Ästhetikempfinden enorm durch diesen *Venus*-Aszendenten. Ihre große Waffe im Kampf des Lebens ist eindeutig Ihr Charme, den Sie jedoch niemals aufdringlich einsetzen werden. Als Luftzeichen können Sie sich nämlich spielerisch leicht all den verschiedenen Situationen anpassen. Aus dem Rahmen fallen Sie ohnehin nicht gerne. Der Waage-Aszendent weist meist wohlproportionierte Rundungen auf; manche davon sind sogar ausgesprochen graziös und feingliedrig wie Balletttänzer. Doch Ihr guter Geschmack in Bezug auf Kleidung, Farben und Formen ist auf jeden Fall stets positiv ausgeprägt.

Sie haben leider kein Fünkchen kämpferisches Feuer in sich (Ausnahme: Ihr *Mars* im Widder und Spannungsaspekte zwischen *Mars* und *Uranus* oder *Mars* und *Pluto*) und deshalb lehnen Sie Aggressionen und Konflikte ab. Sie möchten Ihre Ziele durch Diplomatie und Entgegenkommen erreichen. Die rohe Ellbogenmentalität eines Widders stößt Sie förmlich ab.

Ihre Kompromissbereitschaft ist enorm groß, doch Ihre Entscheidungsschwäche beschert Ihnen immer wieder eine Art

»Handlungsunfähigkeit«. Auch David Bowie, Alain Delon, John F. Kennedy und Caterina Valente besitzen oder besaßen einen Waage-Aszendenten.

Sie sind stets bemüht, mit allen Menschen in Frieden zu leben. Eine aggressive oder disharmonische Umgebung kann Ihr ganzes Wesen aus dem Gleichgewicht bringen. Sie empfinden dann ein fast zwanghaftes Bedürfnis, auszugleichen, zu vermitteln oder andernfalls zu gehen, doch auch hier spüren Sie: »Wer die Wahl hat, hat die Qual!«

Durch Ihre Kontaktfähigkeit und Ihre Liebe zur Geselligkeit finden Sie immer wieder neue Verbindungen und stellen vielseitige Kontakte her. Ihre geistvolle Lebenseinstellung und Ihr Charme wecken bei anderen viel Sympathie und Zuneigung. Deshalb werden Sie selten wirklich alleine sein.

Eine harmonische Umgebung bringt Sie wieder ins Gleichgewicht.

Das Gegenzeichen *Widder* fordert Sie quasi heraus, sich in Ihren Beziehungen mit anderen zu messen. Daher sollten Sie lernen, Ihre Standpunkte auch mal offensiv zu vertreten.

»Lerne, dich zu entscheiden!« ist eine ganz wichtige Lebensaufgabe des Waage-Aszendenten. Dazu muss man die hohen Ideale von ewigem Frieden, von andauernder Gerechtigkeit kurzzeitig zurückstellen, jede Unehrlichkeit vermeiden und sich in dieser unperfekten Welt ganz engagiert einsetzen. Frommes Wunschdenken hilft hier genauso wenig wie konfliktscheue Vermeidungsstrategie. Mit Beschönigungen kann man über all das Unangenehme in der Welt nicht hinwegsehen. Mehr Mut zum eigenen Ich und zum Selbstausdruck ist Lernschritt des Waage-Aszendenten.

Das sechste Haus (Gesundheit) steht bei Ihnen im Zeichen *Fische*. Das macht Sie empfänglich für sehr feinstoffliche Heilmethoden, wie zum Beispiel Aura Soma, Bach-Blüten, Homöopathie und Spagyrik. Durch Allopathie werden Sie dagegen oft kränker. Zum Wohlfühlen brauchen Sie auch ein wenig

Meditation, Religion oder die Beschäftigung mit den spirituellen Geisteswissenschaften, dann geht's Ihnen prima!

Versuchen Sie es einmal mit Meditation und spirituellen Heilweisen.

Waage ist Herrscherin von Haus sieben

Hier geht es um unser Streben nach Ergänzung, um die Öffnung zum »Du«. Beziehungen und Ehe sind im siebten Haus symbolisiert, aber auch unser Kontaktverhalten, unsere Bindungen, geschäftliche Partnerschaften und Verträge. Sind Planeten in diesem Haus, erleben wir diese Bereiche besonders deutlich!

Aszendent Skorpion

Der Skorpion-Aszendent weiß schon von klein auf, dass unsere Welt kein sicherer Ort ist. Instinktiv begreift er, dass er dieses geschenkte Leben ganz schnell wieder verlieren kann. Schon die Geburt war für einen Skorpion-Aszendenten oder dessen Mutter ein Kampf um Leben und Tod, denn bei ihm heißt es oft: »Ein Unglück kommt selten allein.«

Sie haben das Bedürfnis nach intensiven Erlebnissen.

Er unterscheidet im späteren Leben gern zwischen »Schwarz und Weiß«, »Freund und Feind«. Schon früh entwickelt er deshalb ein Bedürfnis nach ganz intensiven Erlebnissen. Er wird es nicht zeigen, doch er ist extrem eifersüchtig. Vergessen sollte er jedoch nie: »Eifersucht ist eine Leidenschaft, die mit Eifer sucht, was Leiden schafft!«

Tief innen sind Sie davon überzeugt, dass Sie sich nur durch Kontrolle und Macht im Lebenskampf behaupten können.

Der Nachteil dabei ist, dass Sie vor lauter Kontrollzwang, Misstrauen oder Machtbedürfnis blind werden können für die doch sehr erfreulichen Seiten des menschlichen Daseins. Der Skorpion-Aszendent wirkt im Auftreten irgendwie unnahbar. Diesen Schachzug setzen Sie bewusst ein, damit andere Ihnen nicht gleich in die Karten schauen. So wirken Sie mitunter harmlos, auf andere jedoch unwiderstehlich oder gar faszinierend, doch andere wiederum schreckt das förmlich ab.

Rein äußerlich besitzt der Skorpion-Aszendent recht markante Gesichtszüge und meist einen durchdringenden Blick. Er geht nicht offensiv auf andere zu, denn auf diese Weise kann er sie besser kontrollieren. Im günstigsten Moment fährt er dann seinen Stachel aus, doch er sollte daran denken: »Wer anderen eine Grube gräbt, fällt manchmal selbst hinein!«

Sein Herrscher ist *Pluto,* Herr über unser Unterbewusstsein.

Pluto ist das Bild des höheren Selbst, der geistige Wille oder die Kern- und Motivationskraft, die wandelnd und transformierend wirkt. Er demaskiert alles, zerstört alte Konzepte, Über-Ich-Formen und bewirkt Metamorphose. Er steht für »Stirb und werde«, »Tod und Auferstehung«!

Als Skorpion-Aszendent sind Sie engagiert und gleichzeitig kompromisslos. Ausdauer und Entschlossenheit gehören zu Ihren Stärken. Kaum jemand bemerkt Ihre innere Verletzlichkeit und Ihre Überlebens- oder Verlustängste. Viel eher hat sich herumgesprochen, dass Sie ein gefürchteter Gegner sind. Der Ruf des Skorpion-Aszentenden ist denkbar schlecht. Sie besitzen das Gedächtnis eines Elefanten, wenn es um frühere emotionale Verletzungen geht. Eines Tages werden Sie sich dafür rächen, denn Sie können lange auf den günstigsten Moment warten, denn: »Wer zuletzt lacht, lacht am besten.« Im persönlichen Kontakt wirken Sie verschlossen, zurückhaltend oder beobachtend, bis Sie die Situation überblicken.

Meisterhaft beherrschen Sie all Ihre Reaktionen und keiner sieht Ihnen an, welche Ziele Sie in Wahrheit verfolgen. Da Sie das meisterhaft beherrschen, vermuten Sie das auch bei anderen oder spüren verborgene Motivationen sofort heraus. Nur wenn Sie sich stark und sicher fühlen, öffnen Sie sich. Jetzt ist von Ihrer ursprünglichen Zurückhaltung nicht mehr viel übrig. Sie werden dann extrem offen, nehmen kein Blatt mehr vor den Mund oder legen verbal Ihren »Finger« auf die Wunden Ihrer Mitmenschen. Diese Direktheit kann andere sehr verletzen. Allerdings stehen Sie mit der gleichen Konsequenz auch Ihren Freunden bei. Menschen, die Sie einmal akzeptiert haben, werden von Ihnen viel Fairness, Loyalität und Treue zu spüren bekommen.

Die Nachteile eines Skorpions sind Eifersuchts- oder Hassgefühle, denn die größte Angst überfällt Sie, wenn Sie einen

Ausdauer und Entschlossenheit gehören zu Ihren Stärken, Eifersuchts- und Hassgefühle zu Ihren Schwächen.

geliebten Menschen loslassen müssen. *Pluto* ist Ihr Herrscher und er will psychische Metamorphosen bewirken. »Lerne, Abschied zu nehmen«, gehört zu Ihrem Lernschritt. Deuten Sie nicht auf die Wunden anderer Menschen, sondern vollziehen Sie eigene Umwandlungen. Das ist der eigentliche Sinn dieser skorpionischen Aufgabe.

Ihr Gegenzeichen *Stier* könnte Ihnen beibringen, etwas mehr Genussfähigkeit und Vertrauen zu entwickeln. Dann können Sie anderen durch Ihre Unerschrockenheit ein Vorbild sein, denn Sie besitzen einen sicheren Instinkt und hintergründige Erkenntnisse, die Sie in den Dienst des Lebens stellen können. Das Loslassen von Misstrauen, von Macht- und Kontrollzwängen, von Rachegefühlen und dafür mehr Hinwendung zu den sinnlichen Genüssen des Lebens wäre der Lernschritt Ihres Skorpion-Aszendenten. Wenn Ihre Initiative von anderen gestoppt wird, dann reagieren Sie intensiv. Bei Ihnen befindet sich nämlich das Zeichen *Widder* im sechsten Haus (Gesundheit). Unterdrückte Energien, Stress und Ärger führen deshalb leicht zu Aggressionen, die wiederum Verletzungen, Entzündungen oder Infektionen auslösen können – meist kurz und heftig. Sport ist daher eine gute Gesundheitsvorsorge für Sie, sollten Sie sich dabei auch kräftig verausgaben. Sehr gut wirken bei Ihnen klassische Akupunktur und diverse Spritzen (ein bisschen wehtun darf's schon) – und ganz schnell fühlen Sie sich wieder wohl in Ihrer Haut!

Wenden Sie sich mehr den genüsslichen Seiten des Lebens zu.

Skorpion ist Herrscher von Haus acht

Dieses Haus steht für unsere Gesellschaftsstruktur, für Gesetz und Ordnung, zeigt unser Status- und Machtstreben auf, fordert Anpassung und Pflichten, symbolisiert fremde Mittel und vor allem den Stirb-und-werde-Prozess, dem wir immer wieder unterworfen sind. Befinden sich Planeten in diesem Haus, dann erleben wir diese Bereiche besonders deutlich!

Aszendent Schütze

Abraham Lincoln, Bertolt Brecht, Gérard Depardieu, Friedrich Dürrenmatt, Nelson Mandela, Diego Maradona, Bob Marley, Elizabeth Taylor und Mutter Teresa haben oder hatten einen Schütze-Aszendenten. Eines ist beziehungsweise war ihnen allen gemeinsam: Der Schütze-Aszendent begegnet der Welt voller Optimismus und Zuversicht.

Sie strahlen Optimismus und Zuversicht aus.

Der freudige Erwartungsdruck der Eltern war schon vor der Geburt vorhanden, denn nichts wurde sehnlicher erwartet als dieses neue Kind, in das man recht große Hoffnungen setzte. Kein Wunder, dass das Schütze-Aszendent-Baby den ersten und prägenden Eindruck gewinnt, auf dieser Welt willkommen zu sein. Das stärkt seine Selbstsicherheit, für einen höheren Auftrag vorgesehen und mit Gottvertrauen ausgerüstet worden zu sein, denn: »Aller guten Dinge sind drei.« Wer von klein auf so stark an Gutes, an Höheres oder an die Wahrheit glaubt, strahlt diese innere Überzeugung auch aus. Die Therapie des »positiven Denkens« beruht ja auch auf diesem Grundprinzip!

Der Herrscher des Schütze-Aszendenten ist *Jupiter*. Er schenkt Ihnen eine Portion Begeisterung und macht Sie zu einem wahren Idealisten, doch er könnte auch den Leitsatz stimulieren: »Wer angibt, hat mehr vom Leben!«

Ungerechtigkeiten spüren Sie sofort und Sie können dann recht jähzornig werden. Doch die Wut ist nicht einem gekränkten Ego entsprungen, sondern sie entzündet sich bei Übertretungen gesellschaftlicher, moralischer oder rechtlicher Grenzen. Ihr Auftreten als Schütze-Aszendent ist selbstsicher und großzügig, denn Jupiter macht sie von Natur aus jovial. Er symbolisiert unser Wertbewusstsein, unser Urteilsvermögen, er schenkt uns den Sinn für die richtigen Proportionen und für Gerechtigkeit. Im günstigsten Fall schenkt er sogar Weisheit! Sie sind davon überzeugt, Recht zu haben oder Gutes zu tun. Und Sie wissen auch: »Jeder ist seines Glückes Schmied!« Gerne zeigen Sie Ihren Vorbildcharakter auch anderen. Da der Schütze seine Größe kennt, neigen einige leider auch zu XXL-Übertreibungen (pathetische Sprücheklopfer, Versprechungen, die nicht eingehalten werden) oder zu fast peinlich theatralischen Auftritten. Rein äußerlich haben viele Schütze-Aszendenten deshalb große Hände oder Füße oder auch ein bisschen Körperfülle (je nach genetischer Veranlagung). Ihr Blick ist offen und dieser richtet sich auf die großen Dinge des Lebens. Leicht übersehen Sie deshalb so manches Detail oder das Unmittelbarste direkt neben Ihnen.

Sie beschäftigen sich gern mit den großen Dingen des Lebens.

Ihre Ausstrahlung wird durch Ihre optimistische Grundhaltung und eine vertrauensvolle Lebenseinstellung positiv abgerundet, denn: »Wer das Leben nicht genießen kann, wird bald selbst ungenießbar.« Die Mitmenschen bringen Ihnen deshalb viel Sympathie entgegen.

Auch wenn es kaum erkannt wird: Ihr Selbstwertgefühl ist meist empfindsam und daher suchen Sie in Ihrer Umgebung nach Anerkennung, Bestätigung oder Beachtung. Doch Sie besitzen auch einen starken Freiheitsdrang und der treibt Sie manchmal zu recht impulsiven Handlungen an, wenn Sie sich davon mehr Unabhängigkeit und Selbstständigkeit versprechen.

Es wird für Sie sehr wichtig sein, dass Sie im Beruf einen großen persönlichen Spielraum haben, denn Sie würden es nur schlecht ertragen, sich »eingesperrt« oder »gegängelt« zu fühlen. Meist besitzt der Schütze-Aszendent ein gutes Gedächtnis, doch irgendetwas hat er ständig verlegt oder er sucht oft nach kleinen Dingen.

Ihr polares Zeichen *Zwillinge* könnte Ihnen das Wissen verleihen, dass das große Ganze stets aus verschiedenen Einzelteilen zusammengesetzt ist. »Lerne, dich zu stellen, auch dort, wo es manchmal unangenehm wird.« Als Schütze-Aszendent sollten Sie versuchen, objektive Gegebenheiten zu akzeptieren, aber auch die Meinungen und Wahrheiten anderer zu tolerieren, denn: »Arroganz ist das Selbstbewusstsein des Minderwertigkeitskomplexes.«

Massagen und Reiki fördern Ihr Wohlbefinden.

Bei Ihnen befindet sich das Zeichen *Stier* in Haus sechs (Gesundheit). Sie sprechen besonders gut auf alle körperzentrierten Therapien an. Diverse Massagen und Reiki fördern Ihr Wohlgefühl, schöne Düfte, aber auch ein gutes Essen mit Freunden (natürlich auch zu zweit) tragen schnell zum Genesungsprozess bei. Wollten Sie eine Diät machen? Vergessen Sie das, es klappt nicht. Sich wohl fühlen ist wichtiger!

Schütze ist Herrscher von Haus neun

In diesem Haus symbolisiert sich unser selbstständiges Denken, das eigene Weltbild, unsere Gesinnung, die Wahrheitsliebe, unsere Zivilcourage. Hier wollen wir unser Wissen erweitern (auch durch Reisen in ferne Länder). Sind Planeten in diesem Haus, dann erleben wir diese Bereiche besonders deutlich!

Aszendent Steinbock

Einen Steinbock-Aszendenten besitzen zum Beispiel Sean Connery, Königin Elizabeth II., die Schauspielerin Jane Fonda und der schon verstorbene Erich Honecker. Vielleicht haben sich Ihre Eltern ein Kind anderen Geschlechts gewünscht? Oder Ihre Geburt fand zu einer ungünstigen Zeit statt, in der weder Freude noch die nötige Sicherheit vorhanden war? Wie dem auch sei: Das Kind mit dem Steinbock-Aszendenten kam auf die Welt (»Aller Anfang ist schwer«) und hatte sofort das Gefühl, nicht zu genügen. »Erst die Arbeit, dann das Spiel« ist deshalb bald seine Devise geworden. So wird ein Steinbock-Aszendent-Kind recht schnell erwachsen, damit es sich in der Welt durch seine großen Leistungen beweisen kann und auf diesem Weg endlich die ersehnte Anerkennung erhält.

Sie sind ein Einzelkämpfer, der großes Durchhaltevermögen beweist.

Von klein auf ist der Steinbock-Aszendent zum Einzelkämpfer geboren, und wo ein anderer aufgeben würde, beißt ein Steinbock jetzt erst recht seine Zähne zusammen und folgt unbeirrt und mit großer Ausdauer seinem Ziel, denn er weiß: »Steter Tropfen höhlt den Stein!«

Kritik macht ihn nur noch disziplinierter. Ständig muss er sich und anderen beweisen, dass er doch etwas wert ist. Deshalb nimmt er keine Abkürzung, sondern entscheidet sich für den noch steinigeren Weg. Das zeigt sich auch äußerlich in meist hageren Gesichtszügen und einer schlanken Figur. Alles strahlt nüchterne Klarheit aus, jeder Schnörkel wird vermieden (außer Sie besitzen eine sehr sinnliche Venus im Geburtshoroskop).

Sein Geburtsherrscher ist *Saturn* und der will Klarheit und Kargheit. Diese Energie entspricht unserer Körperlichkeit, unserem Bedürfnis nach Ordnung und Abgrenzung, nach Sicherheit, Ruhe und Aufrechterhaltung des alten Zustands!

Steinbock-Aszendenten fordern sehr viel von sich und gönnen sich meist zu wenig. Die Begegnung mit anderen Menschen findet unter unsichtbaren Schutzmauern statt, dessen Steine aus Disziplin und Pflichtbewusstsein gebaut wurden, denn: »Kommt Zeit, kommt Rat.«

Sprühende Lebendigkeit und fröhliche Ausgelassenheit kennt der Steinbock-Aszendent nicht, doch »Ehrlich währt am längsten« zählt zu seinen Charakterstärken. Gottlob finden sich im Geburtshoroskop meist noch Planeten und Aspekte, die die leichteren Seiten des Lebens stimulieren. Allerdings vermehrt der Steinbock-Aszendent den Ehrgeiz, das Karrierestreben und das Pflichtgefühl. Die Welt des Steinbocks ist eher ernst und voller Verantwortung. Man wird erst beim zweiten Anlauf mit ihm warm und dann erkennt man seine Aufrichtigkeit, denn er weiß zutiefst: »Lügen haben kurze Beine!«

Sie sind ein ernsthafter und verantwortungsbewusster Mensch.

Sie sind durch den Steinbock-Aszendenten eher zurückhaltend und distanziert, wenn Sie jemand nicht kennen. Vielleicht denken Sie auch: »Wenn du beliebt sein willst, dann komm lieber selten«? Ihre Selbstkritik ist meist zu stark entwickelt. Oft beurteilen Sie auch Ihre Mitmenschen nach ähnlich strengen Kriterien. Ihr Bedürfnis nach Perfektion und Superleistungen ist verantwortlich für Phasen der Mutlosigkeit. Allerdings besitzen Sie eine zähe Konstitution und sind deshalb in der Lage, lang andauernde Belastungen zu überstehen. Ihr Verhalten ist eher von Ernst und Vorsicht geprägt. Bis Sie andere näher an sich heranlassen, brauchen Sie erst ein Gefühl von Vertrautheit oder Überlegenheit.

Bisweilen werden Sie von Schuld- oder Einsamkeitsgefühlen geplagt. In den depressiven Phasen Ihres Lebens neigen Sie zu unerklärlichen Rückzugs- und Verdrängungsreaktionen.

Beruflich erwerben Sie sich durch Leistung und Fachwissen die Achtung und Anerkennung Ihrer Mitmenschen. Sie könnten die Karriere eines Spezialisten erreichen, falls nicht Ihr *Uranus* etwas dagegen hat.

Vom Gegenzeichen *Krebs* kann der Steinbock-Aszendent lernen, dass sich echte Verantwortlichkeit nicht nur auf äußere Pflichten und die Lösung verschiedenster Aufgaben bezieht, sondern dass ein Mensch auch gegenüber seinen eigenen Bedürfnissen Verantwortung tragen muss. Dies betrifft sowohl den eigenen Körper wie die eigene Seele. Nur so können Sie im Laufe Ihres Lebens – ähnlich einem guten Wein – zu einem charaktervollen, starken und zugleich gefühlvollen und erlebnisfähigen Menschen heranreifen: »Lerne, auch andere zu verstehen, und verwende keine Verallgemeinerungen.«

Das ist Ihre Lernaufgabe. Da sich bei Ihnen das Zeichen *Zwillinge* im sechsten Haus (Gesundheit) befindet, sollten Sie viele Dinge gleichzeitig nutzen, um gesund zu bleiben oder zu werden. Nur ein Mittelchen wird nicht helfen, denn der Körper braucht verschiedene Anregungen und ist neugierig darauf. Auch wenn Sie es als Steinbock-Aszendent nicht glauben wollen: Sie brauchen viel frische Luft und regelmäßige Atemübungen, dann fühlen Sie sich wohl in Ihrer Haut!

Steinbock ist Herrscher von Haus zehn

Dieses Haus symbolisiert Beruf und Berufung, unsere Autorität oder Anmaßung, unsere Karriere, unseren sozialen Status in der Gesellschaft, unsere wichtigen Lebensziele, unsere Führungsaufgaben oder unser Machtstreben. Sind Planeten in diesem Haus, dann erleben wir diese Bereiche besonders intensiv!

Geben Sie sich der Vielfalt hin.

Aszendent Wassermann

Der Aszendent Wassermann zeigt sich auch bei Giacomo Casanova, Carl Gustav Jung, bei Karl Marx oder Maximilien de Robespierre. Ein Wassermann-Aszendent sucht sich schon bei seiner Geburt recht unmögliche Situationen aus. Kleine Pannen (Geburt im Taxi, im Zug, im Flugzeug) und auch größeres Pech (Geburtsprobleme, weil er ein Frühchen oder zu spät dran ist, quer liegt oder mit den Füßen voran in die Welt will) sind da meistens an der Tagesordnung. Warum? Das Normale liebt er einfach nicht, vermutlich weil er Angst hat, *nur* ein gewöhnlicher Mensch zu sein: »Lieber schrullig als 08/15«, das ist eine seiner Devisen!

Sie suchen Neuland in allen Dingen.

Der Geburtsherrscher ist *Uranus,* jene schöpferische Intelligenz, die Neuland in allen Dingen sucht. Uranus stimuliert den Forscher- und Erfindergeist und sichert sich durch technische oder geistige Systeme ab.

Dieser Start ins Leben setzt sich beim Wassermann-Aszendenten auch später auf seiner Lebensreise fort. Immerzu hagelt es Überraschungen in seinem Leben. Er wechselt die Stellungen wie andere die Hemden, er zieht so oft um, dass er mit dem Zählen schon aufgehört hat. Von heute auf morgen lässt er alles hinter sich, was er vorher aufgebaut hat. Neuanfänge kennt er zur Genüge in seinem Leben, doch er weint auch den finanziellen Verlusten keine Tränen nach. Gerade deshalb fällt es dem Wassermann-Aszendenten schwer, allzu verbindliche Beziehungen zu anderen Menschen einzugehen. Viel eher sucht er Freiheit und eine gewisse Unverbindlichkeit (Freunde), doch vor allem einen regen geistigen Austausch. So kann man ihn als ungeheuer flexibel und offen bezeichnen und auch als liebenswerten Humanisten. Sein kumpelhaftes Auftreten ist sein Markenzeichen, denn er begegnet jedem Menschen auf die gleiche menschliche Weise – egal ob ein echter König oder ein armer Bettler seinen Weg kreuzt.

Sein Blick ist wach, denn er ist fasziniert von den schillernden Möglichkeiten des Lebens. Er besitzt schon früh eine Art »Vision einer idealen Gesellschaft« und hat tausend Ideen, wie man diese verwirklichen kann.

Irgendwie ähnelt er einem stets zerstreuten Professor. Genie und Wahnsinn liegen bei ihm dicht beieinander und er tänzelt fasziniert auf diesem dünnen Seil. »Wer sich nicht ändert, gleicht einem abgetragenen Rock«, ist seine Devise!

Echte Freundschaft und soziale Gerechtigkeit sind Ihre Themen.

Das meiste Leben findet natürlich im Kopf statt und so vergisst er oft seinen Körper. Seine Ausstrahlung ist nur selten sehr herzlich oder gar erotisch, dafür jedoch äußerst interessant oder sogar exzentrisch.

Durch den Wassermann-Aszendenten haben Sie ein starkes Bedürfnis nach echter Freundschaft und nach sozialer Gerechtigkeit auf dieser Welt. Nicht selten interessieren Sie sich für soziale, gesellschaftspolitische Belange, für technische oder geistige Verbesserungen, für Gentechnologie, Ökologie, Geisteswissenschaften oder ähnliche Spezialthemen.

Sie sind originell und freiheitsliebend, doch es fällt Ihnen sehr schwer, sich unterzuordnen. Als Wassermann-Aszendent sind Sie ein »Kind der Zeit« und oft sogar noch Ihrer Zeit voraus. Sie sind das lebendige Beispiel eines »Freigeistes«. Ihr Interesse gilt Neuem, sinnvollen Reformen oder dem Unkonventionellen. Ihre große geistige Aktivität prägt Ihr Verhalten und Ihre Lebenseinstellung. Es fällt Ihnen leicht, Kontakte zu schließen, und Sie brauchen einen größeren Bekanntenkreis, damit Sie genügend neue Anregungen bekommen. Trotz Ihrer Beliebtheit bei Freunden sind Sie sorgsam bestrebt, Ihre Unabhängigkeit und Individualität zu wahren. Ein echter Wassermann-

Aszendent widerlegt ganz real die folgende Weisheit: »Wir wurden alle als Originale geboren, doch die meisten von uns sterben als Kopien.« Das kann Ihnen nicht passieren!

Sind Sie dazu in einem »erdigen« Tierkreiszeichen geboren (Stier, Jungfrau oder Steinbock), dann besitzen Sie auch den nötigen Realismus und Fleiß, um Ihre Visionen umzusetzen.

Gefühlsbetontes Handeln könnte von Vorteil sein.

Ihr polares Zeichen *Löwe* könnte Sie als Wassermann-Aszendenten daran erinnern, dass Ideen nicht nur im Kopf vorhanden sein sollten, denn der wird bei so viel Andrang von Ideen dann zwangsläufig blutleer. Bezwingen Sie auch Ihre innere Unruhe und jede Impulsivität. Erst wenn Sie an einer Sache dranbleiben und Ihr *Herz* zum Mittelpunkt Ihrer Visionen machen, werden Sie zum Vorreiter einer besseren und menschlicheren Gesellschaft werden, zum Erbauer des Wassermann-Zeitalters – das ist eine Ihrer Lebensaufgaben.

Bei Ihnen befindet sich das Zeichen *Krebs* im sechsten Haus (Gesundheit). Sie müssen sich deshalb in der Arbeit wohl fühlen und sollten genau beobachten, wann es Ihnen besonders gut geht und wann Sie körperlich reagieren. Achten Sie auch darauf, dass Sie sich in Ihrer Wohnung recht behaglich fühlen. Hören Sie auf Ihre »innere Stimme« und auf Ihre Träume. Falls Sie einmal krank werden, sprechen Sie gut auf alle feinstofflichen Therapien an (Aura Soma, Bach-Blüten, Homöopathie, Spagyrik) und auch positiv auf einfühlsame Therapeuten.

Wassermann ist Herrscher von Haus elf

Hier geht es um unsere Freunde, um unser Bild des höheren Menschen, um Zukunftsideale, um unsere Ethik, das Zusammengehörigkeitsgefühl mit Gleichgesinnten, das Vereinigungsstreben und um Reformen. Hier erfahren wir, was wahre Humanität bedeutet. Sind Planeten in diesem Haus, dann erleben wir diese Bereiche besonders deutlich!

Aszendent Fische

Rainer Werner Fassbinder und Alfred Hitchcock, aber auch Hermann Graf Keyserling und Mirelle Mathieu sind Beispiele für Menschen mit einem Fische-Aszendenten.

Der Fische-Aszendent ist nicht so ganz von dieser Welt, denn: »Stille Wasser sind immer tief.« Schon bei seiner Geburt war er unschlüssig, ob er wirklich diese wässrige Wärme und Geborgenheit des Mutterschosses verlassen sollte. Man musste sicherlich aus ärztlicher Sicht ein bisschen nachhelfen, denn Vorwärtsdrängen ist nun mal nicht seine Devise.

Sie können sich wie ein Chamäleon an Ihre Umgebung anpassen.

Ihr Lebensimpuls ist durch den Aszendenten nicht eindeutig. Sie stehen nicht so gerne im Mittelpunkt der Aufmerksamkeit anderer, außer Ihr Fische-Aszendent wird durch ein feurige Sonne (Widder, Löwe, Schütze) doch noch ichbezogener. Viel eher fühlen Sie sich wohl, wenn Sie sich wieder zurückziehen oder sich Ihren Tagträumen widmen können.

Rein äußerlich ist ein Fische-Aszendent nur sehr schwer auszumachen, denn sein Herrscher *Neptun* kann sich erstaunlich wandeln und sich wie ein Chamäleon an seine Umgebung, eine Situation oder Erfordernisse anpassen. Manche besitzen große »Fisch-Augen«, doch viele erscheinen auch in allen möglichen körperlichen Tarnkappen. Sie nehmen die Schwingung ihrer Umwelt stark auf und verschmelzen symbiotisch mit dieser. Neptun stimuliert die universelle Menschenliebe, das höchste Liebesideal, unsere Identifikation mit bestimmten Dingen, unseren Idealismus, unser soziales Engagement mithilfe unseres Willens zum Helfen. Am ehesten erkennt man den Fische-Aszendenten durch seine großen, meist verträumten Augen. Häufig sind die Gesichtszüge nicht so markant, eher ein bisschen wässrig oder verschwommen – ähnlich wie manchmal auch seine Körperformen. Die Palette seiner Ausstrahlung kann von Hilflosigkeit über grazile Anmut bis hin zur selbstlosen Aufopferung reichen. Ein Fische-Aszendent ist besonders durchlässig für Beeinflussung von außen. Der Nachteil dabei ist, dass er zwangsläufig nur wenig Widerstandskraft besitzt – vor allem gegen negative Einflüsse. Wird er längerfristig überfordert, entsteht leicht ein chronisches Sucht- oder Fluchtverhalten. Im schlimmsten Fall kann er von den Außeneindrücken dieser Welt förmlich weggeschwemmt werden. Dann verliert er sich im Ganzen, weil er nicht konkret zu sich selbst steht. Man kann den Fische-Aszendenten als schweigsamen Menschen bezeichnen. Sein Bedürfnis, mit anderen zu verschmelzen, bringt automatisch Probleme bei konkreten Handlungen oder bei verbindlichen Entscheidungen. Wird es schwierig oder zu eng für ihn, dann ist er plötzlich wie vom Erdboden verschwunden.

Sie haben eine fast sensitive Veranlagung.

Als Fische-Aszendent hat Ihre Erscheinung etwas Transparentes. Ihre Augen drücken Durchlässigkeit aus. Ihr Gefühl zwingt Sie oft dazu, sich abzugrenzen, um nicht von den vielen Fluktuationen der Umwelt völlig eingenommen zu werden. Am ehesten können Sie sich öffnen, wenn jemand leidet oder Ihre Hilfe benötigt. Dann wird Ihnen Ihre Anteilnahme und Ihr Mitgefühl viel Sympathie und Zuneigung von anderen einbringen. Allerdings könnten Ihre Gutmütigkeit und Ihre nicht immer konsequente Haltung Ihnen Schwierigkeiten verursachen, weil Sie Mühe haben, sich eindeutig zu etwas zu bekennen oder sich klar abzugrenzen. Sie machen sich zwar immer wieder Hoffnungen, doch Sie wissen auch: »Wer um eine Hoffnung ärmer ist, ist auch um eine Erfahrung reicher!«
Es ist deshalb wichtig für Sie, dass Sie mehr Selbstkontrolle üben und eine gewisse Disziplin entwickeln, um das, was nicht zu Ihnen passt oder Ihnen schadet, abzuwehren. Dann können

Sie auch Ihre Unsicherheiten überwinden, die meist aus einer allzu großen Anteilnahme am aktuellen Geschehen resultiert. Im Gegenzug kann ein Fische-Aszendent eine zu starke Sonne (Ichbezogenheit) im Geburtshoroskop sanft abmildern. Ihr Fische-Aszendent schenkt Ihnen eine fast sensitive Veranlagung, Dinge vorauszuahnen und verborgene Motive bei anderen zu erkennen, bevor diese je ausgesprochen werden. Möglicherweise ist Ihre »innere Stimme« oder Ihr Traumleben recht aktiv und schickt Ihnen wichtige Botschaften.

Schärfen Sie Ihren Blick für die Realität.

Ihr Gegenzeichen *Jungfrau* könnte Sie dazu ermuntern, das rechte Maß zu entwickeln, Ihren Blick für die Realität und für das Wesentliche zu schärfen. Nicht immer ist »Reden Silber und Schweigen Gold«. Nehmen Sie konkret Stellung und hüten Sie sich vor Illusionen. Lernen Sie die zeitweise Einsamkeit zu schätzen, das sind wichtige Lernaufgaben für Sie.

Das Zeichen *Löwe* herrscht in Ihrem sechsten Haus (Gesundheit). Sie brauchen viel Sonne und Wärme und sollten Ihren Kreislauf sanft, aber regelmäßig trainieren. Hören Sie auf Ihr Herz, und falls Sie doch mal krank werden, suchen Sie sich eine Autorität als Therapeuten oder Therapien, die »Wunder« vollbracht haben, dann fühlen Sie sich bald wieder wohl!

Fische ist Herrscher von Haus zwölf

Hier ist unser Alleinsein symbolisiert, die Verinnerlichung oder die Isolation. Auch die Flucht ins Irrationale oder der Zugang zur Transzendenz ist hier angezeigt, aber auch Jenseitsphilosophien oder esoterische Lebensinhalte. Hier ist Helfergeist zu finden oder Hilflosigkeit. Sind Planeten in diesem Haus, dann spüren wir diese Bereiche besonders deutlich!

Fazit: Es empfiehlt sich, auch die Gesundheitstipps des jeweiligen Aszendenten auszuprobieren!

Kontaktadressen und Literaturempfehlungen

Aderlass: B. Aschner: »Lehrbuch der Konstitutionstherapie«, Hippokrates Verlag; Abele/Stiefvater: »Aschner-Fibel«, Haug Verlag.

Alchimistische Kosmetik: Lunasol, Soluna GmbH, Artur-Proeller-Straße 9, 86609 Donauwörth, Tel.: 09 06/70 60 60, Fax: 09 06/7 06 06 78, E-Mail: info@Soluna.de.

Akupressur: F. T. Lie: »Akupressur – Chinesische Punktmassage«, Falken Verlag; G. Stux: »Akupunktur, Akupressur und Moxibustion«, Birkhäuser Verlag; H. Tenk: »Punktmassage für Erste Hilfe und Energieausgleich«, Maudrich Verlag; Dr. Frank R. Bahr: »Akupressur, Erfolgreiche Selbstbehandlung bei Schmerzen und Beschwerden«, Mosaik Verlag. Adressen siehe »Akupunktur«.

Akupunktur: C.-H. Hempen: »Atlas für Akupunktur«, dtv Verlag; Dr. Wolf Ulrich: »Schmerzfrei durch Akupunktur und Akupressur«, Heyne Verlag; Carl-Hermann Hempen: »Die Medizin der Chinesen«, Goldmann Verlag; Ted J. Kaptchuk: »Das große Buch der chinesischen Medizin«, Heyne Verlag; Christine Steinbrecht-Baade: »Die Heilkraft der Traditionellen Chinesischen Medizin«, Heyne Verlag; Engelhardt/Hempen: »Chinesische Diätetik«, Urban & Schwarzenberg Verlag; N. Krack: »Die Pulslehre in der chinesischen Medizin«, Haug Verlag. Adressen: SMS Internat. Gesellsch. f. Chinesische Medizin, Franz-Joseph-Str. 38, 80801 München, Tel.: 0 89/33 56 74, Fax: 0 89/33 73 52, Internet: www.tcm.edu; Z.F.M. GmbH, Tagesklinik für Traditionelle Chinesische Medizin, Elisabethenstr. 62, 64283 Darmstadt, Tel.: 0 61 51/3 07 69 50, Fax: 0 61 51/3 07 69-5 26, Internet: www.zfm.de; Tagesklinik für Traditionelle Chinesische Medizin am Bodensee, Immenstaad, Tel.: 0 75 45/90 16 81; Ludwig Boltzmann Institut für Akupunktur, Kaiserin Elisabeth Spital, Huglgasse 1–3, A-1150 Wien, Tel.: 00 43/1/9 81 04-57, Fax: 00 41/1/9 81 04-57 59, Internet: www.akupunktur.at; Österr. Wissenschaftliche Ärzteges. für Akupunktur, Schwindstr. 3/9, A-1040 Wien, Tel.: 00 43/1/5 05 03 92, Fax: 00 43/1/5 04 15 02; SAGA Schweizerische Ärzteges. für Akupunktur und Chinesische Medizin, Postfach 20 03, CH-8021 Zürich, Fax: 00 41/1/8 10 22 16, E-Mail: sekretariat-@saga.tcm.ch, www. saga.tcm.ch.

Amulette/Talismane: Gibt es im esoterischen Fachhandel oder auch bei Magic Discount, Postfach 14 22, 83604 Holzkirchen, Fax: 0 89/3 56 63 62 61, E-Mail: Magicdiscount@gmx.de.

Anthroposophische Medizin: R. Steiner: »Geisteswissenschaft und Medizin«, Rudolf Steiner Verlag; R. Steiner, I. Wegmann: »Grundlegendes für eine Erweiterung der Heilkunst nach geisteswissenschaftlichen Erkenntnissen«, Rudolf Steiner Verlag. Gesellschaft anthroposophischer Ärzte e. V., Roggenstr. 82, 70794 Filderstadt, Tel.: 07 11/7 77 80 00; Verein für erweiterte Heilweisen (Anthroposophie) e. V., Johannes-Kepler-Str. 56–58, 75347 Bad Liebenzell, Tel.: 0 70 52/20 34, Fax: 0 70 52/41 07.

Aromatherapie: Handbuch »Aromatherapie«, Haug Verlag; J. Valnet: »Aromatherapie«, Heyne Verlag; Erich Keller: »Astro-Düfte«; Erich Keller: »Das Handbuch der ätherischen Öle«; Erich Keller: »Essenzen der Schönheit«; Erich Keller: »Erlebnis Aromatherapie«, alle im Goldmann Verlag; »Das große Lexikon der Heilsteine, Düfte und Kräuter«, Methusalem Verlag. Forum Essenzia (Aromatherapie), Meier-Helmbrecht-Str. 4, 81377 München, Tel.: 0 89/7 14 53 91, Fax: 0 89/71 03 99 29.

Arthrosetherapie: Pulsierende elektromagnetische Felder (Auskunft über den BIO-Leserservice, Tel.: 0 81 58/80 21, Fax: 0 81 58/71 42, Internet: www.magazin-bio.de; »dona 200-S« von der Firma Opfermann Arzneimittel GmbH, 51674 Wiehl; ARTHROSE-Gesellschaft für prophylaktische Orthopädie, Tel.: 0 89/93 93 39 37 und Tel.: 0 89/1 59 63 54, Fax: 089/1 59 65 65.

Astrologie: Klein/Dahlke: »Das senkrechte Weltbild«, Heyne Verlag; Stephen Arroyo: »Astrologie, Psychologie und die vier Elemente«; Stephen Arroyo: »Astrologie, Karma und Transformation«, beides im Hugendubel Verlag; Anna D. Garuda: »Der große Astrokalender 2001«, Goldmann Verlag, und viele weitere Fachbücher über Astrologie.

Astrologie der Indianer: Sun Bear und Wabun Wind: »Das Medizinrad – Übungen zur Heilung der Erde«, Goldmann Verlag.

Atemtherapie: Ilse Middendorf: »Der erfahrbare Atem«, Junfermann Verlag; Verena Schmid-Eschmann: »Richtig atmen – aber wie?«, Heyne Verlag. Ilse Middendorf-Institut für den Erfahrbaren Atem, Viktoria-Luise-Platz 9, 10777 Berlin, Tel.: 0 30/2 18 38 58; Institut für Atemtherapie, Atemunterricht und Sprechtechnik, Bruchstraße 13–15, 40235 Düsseldorf, Tel.: 02 11/67 41 26; Österreichische Gesellschaft für Autogenes Training und Allgemeine Psychotherapie, Schnelleingasse 8, A-1040 Wien, Tel.: 00 43/1/9 83 35 65; Institut für Körperzentrierte Psychotherapie und Ganzheitliche Atemschule, Kanzleistraße 17, CH-8004 Zürich, Tel.: 00 41/1/2 42 29 30, Fax: 00 41/1/2 42 72 52.

Augentraining nach Bates: K. Schutt/B. Rumpler: »Besser sehen durch Augentraining«, Falken Verlag; Marilyn B. Rosanes-Berrett: »Besser sehen durch Augentraining«, Heyne Verlag.

Aura Soma: Vicky Wall: »Aura Soma, das Wunder der Farbheilung«, H.-J. Maurer Verlag; Dora Van Gelder-Kunt/Shafica Karagulla: »Die Chakras und die feinstofflichen Körper des Menschen«, Aquamarin Verlag.

Autogenes Training: Dr. med. Herbert Mensen: »Das ABC des autogenen Trainings«, Goldmann Verlag; Eberhard Grünzinger: »Entspannung durch autogenes Training«, Heyne Verlag; B. Hoffmann: »Handbuch des autogenen Trainings«, dtv München; J. H. Schultz: »Das autogene Training« und »Übungsheft für das autogene Training«, beide im Thieme Verlag.

Ayurveda: Amadea Morningstar/Urmila Desai: »Die Ayurveda-Küche«, Heyne Verlag; Dr. Vinod Verma: »Ayurveda, der Weg des gesunden Lebens«, O. W. Barth Verlag, Scherz Verlag; Elisabeth Veit: »Mit Ayurveda zum Idealgewicht«, Heyne Verlag; Dr. Karin Pirc: »Ayurveda – Kursbuch für Mutter und Kind«, Heyne Verlag; Dr. Ulrich Bauhofer: »Aufbruch zur Stille«, Lübbe Verlag; Dr. Ernst Schrott: »Ayurveda für jeden Tag«, Mosaik Verlag; Dr. Ernst Schrott: »Die köstliche Küche des Ayurveda«, Heyne Verlag; M. Warelopoulos/B. Heyn/A. Dinhopl: »Gesund genießen mit Ayurveda«, Heyne Verlag. Eine Liste praktizierender Ärzte und Heilpraktiker sowie ayurvedischer Gesundheitszentren erhalten Sie bei der Deutschen Gesellschaft für Ayurveda e. V., Wildbadstraße 201, 56841 Traben-Trarbach, Tel.: 0 65 41/58 17, Fax: 0 65 41/81 19 82, E-Mail: ayur-veda@net-avt.de, Internet: www.ayurveda-gesellschaft.de; Österreichische Gesellschaft für Ayurvedische Medizin, Biberstraße 22/2, A-1010 Wien, Tel.: 00 43/1/5 13 43 52, Fax: 00 43/1/5 13 96 60.

Bach-Blüten-Therapie: Mechthild Scheffer: »Die Original Bach-Blüten-Therapie«, Hugendubel Verlag; Mechthild Scheffer: »Selbsthilfe durch Bach-Blüten-Therapie«, Heyne Verlag; Mechthild Scheffer: »Lehrbuch der Original Bach-Blütentherapie für die Arzt- und Naturheilpraxis«, Urban & Fischer Verlag; Mechthild Scheffer/Wolf-Dieter Storl: »Neue Einsichten in die Bach-Blütentherapie« und »Das Heilgeheimnis der Bach-Blüten«, beide im Heyne Verlag; Stefan Ball: »Bach-Blüten – Das umfassende Praxisbuch«, Heyne Verlag; Dr. Edward Bach: »Gesammelte Werke«, Aquamarin Verlag; Dr. med. Götz Blome: »Das neue Bach-Blüten-Buch«, Bauer Verlag. Dr. Edward Bach Centre, Himmelstraße 9, 22299 Hamburg, Tel.: 0 40/4 31 87 80, Fax: 0 40/4 32 26 35.

Baunscheidtverfahren: G. Kirchner: »Baunscheidt – Akupunktur des Westens«, Ariston Verlag; G. Tienes: »Der Baunscheidtismus«, Hippokrates Verlag.

Bewegungstraining: Dr. Edwin Flatto: »Gesund durch Bewegungstraining«, Waldthausen Verlag; H. Petzold: »Integrative Bewegungstherapie«, Junfermann Verlag.

Bioakustik: Ausbildungen zum Bioakustiker im Johanniterhof, W. Maiworm,

Stumpenstr. 1, 78052 Obereschach, Tel.: 0 77 21/6 33 15, Fax: 0 77 21/7 43 06; Auskunft erteilt auch der BIO Ritter Verlag, Tutzing, Tel.: 0 81 58/80 21, Fax: 0 81 58/71 42, E-Mail: bioritter@aol.com, Internet: www.magazin-bio.de.

Biochemie: Dr. Schüßler: »Eine abgekürzte Therapie«, Rohm Verlag; Surya: »Homöopathie, Isopathie, Biochemie, Satrochemie und Elektrohomöopathie«, Rohm Verlag; Hans Wagner: »Rundum gesund mit Schüßler-Salzen«, Südwest Verlag; Monika Helmke Hausen: »Lebensquell Schüßersalze«, Hermann Bauer Verlag. Kontaktadresse: Biochemischer Bund Deutschlands e. V., In der Kuhtrift 18, 41541 Dormagen, Fax: 0 21 33/73 91 39, E-Mail: biochemie@bbdnet.de, Internet: www.biochemie-net.de.

Bioenergetik: A. und L. Lowen: »Bioenergetik für Jeden«, Peter Kirchheim Verlag.

Bioresonanztherapie: A. Baklayan: »Parasiten – Die verborgene Ursache vieler Erkrankungen«, Goldmann Verlag; Hulda Regehr Clark: »Heilung ist möglich«, Droemer Knaur Verlag; B. Köhler: »Biophysikalische Informationstherapie«, Gustav Fischer Verlag. Internationale Ärztegesellschaft für Biophysikalische Informationstherapie (BIT), Sandstraße 19, 79104 Freiburg, Tel.: 07 61/5 33 80, Fax: 07 61/5 75 22, Internet: www.bit-org.de; Vedasan Vertriebs GmbH für Bücher und Naturprodukte, Postfach 12 40, 65302 Bad Schwalbach, Tel.: 01 80/5 25 83 56, Fax: 0 61 28/4 10 98; Österreichische Ärztegesellschaft für Biophysik. Informations-Therapie, Schulstraße 17, A-2871 Zöbern, Tel.: 00 43/26 42/87 50, Fax: 00 43/26 42/87 50 13.

Bioresonanz-Zapper für den Heimgebrauch: Digezapper der Firma Helmle Med, Kazmairstr. 49, 80339 München, Tel.: 0 89/26 56 35, Fax: 0 89/23 26 97 68.

Biorhythmus: Hugo Max Gross: »Biorhythmik – Das Auf und Ab unserer Lebenskraft«, Hermann Bauer Verlag.

Blumenbilder: Tita Heydecker, Künstlergemeinschaft Hallbergmoos, Schlossgut Erching, Seiboldhaus 4, 85399 Hallbergmoos, Tel.: 08 11/12 95. Acryl auf Leinwand, Bildformat: 25 x 25 cm.

Blutegeltherapie: U. Abele, E. W. Stiefvater: »Ascher-Fibel«; I. Müller: »Blutegeltherapie«, beides Haug Verlag.

Cantharidenpflaster: Abele: »Propädeutik der Humoraltherapie«, Haug Verlag.

Chinesische Medizin: Siehe »Akupunktur«.

Chiropraktik: Eder/Tilscher: »Chirotherapie«, Hippokrates Verlag; G. Fleming: »Die Dorn Methode«, Aurum Verlag. Arbeitsgemeinschaft für Chiropraktik, Osteopathie und Neuraltherapie, Wartburgstr. 52, 10832 Berlin; Dr. Jean-Pierre Cordey, Waisenhausplatz 10, CH-3011 Bern, Tel.: 00 41/31/ 3 28 22 33,

Fax: 00 41/31/3 28 22 20, E-MaiL: cordey@chiropraktik.ch; Schweizerische Chiropraktoren-Gesellschaft, Sulgenauweg 38, CH-3007 Bern, Tel.: 00 41/31/ 3 71 03 01, Fax: 00 41/31/3 72 26 54, E-Mail: scgasc@swissonline.ch.
Darmgesundheit: H. Rieth: »Mykosen, Anti-Pilz-Diät«, notamed Verlag. Arbeitskreis für Mikrobiologische Therapie e. V., Kornmarkt 2, 35726 Herborn; Gesellschaft für Biologische Krebsabwehr e. V., Hauptstraße 44, 69117 Heidelberg, Tel.: 0 62 21/13 80 20, Fax: 0 62 21/1 38 02 20.
Darmreinigung: »Das große Buch der Darmreinigung«, BIO Ritter Verlag, Monatshauser Str. 8, 82327 Tutzing, Tel.: 0 81 58/80 21, Fax: 0 81 58/71 42.
Diät: Dr. med. Dörten Wolff: »Die revolutionäre Impuls-Diät – Schlank werden mit Appetit«, Mosaik Verlag.
Dorn-Methode (Chiropraktik): Herr Günther Gross (Leiter der Dorn-Seminare), Tel.: 0 75 20/92 31 95; Praxis Dieter Dorn, Tel.: 0 83 94/2 15 (nach einem Behandler in Ihrer Nähe fragen).
Eigenbluttherapie: V. Höveler: »Eigenbluttherapie«, Haug Verlag; H. Krebs: »Eigenbluttherapie«, Gustav Fischer Verlag.
Elektroakupunktur: Internationale medizinische Gesellschaft für Elektroakupunktur nach Voll, Am Sender 3, 47533 Kleve, Tel.: 0 28 21/2 78 33, Fax: 0 28 21/1 36 45.
Elektrotherapie: H. Edel: »Fibel der Elektrodiagnostik und Elektrotherapie«, Verlag Gesundheit; O. Gillert: »Elektrotherapie«, Pflaum Verlag; G. Heepen: »Hochfrequenztherapie in der Praxis«, Eigenverlag, Tuttlingen.
Ernährung: W. Kollath: »Die Ordnung unserer Nahrung«, Haug Verlag; Ingeborg Münzing-Ruef: »Kursbuch gesunde Ernährung – Die Küche als Apotheke der Natur«, Heyne Verlag; Ingeborg Münzing-Ruef/Stefanie Latzin: »Gesund mit der Kreta-Diät – Das Ernährungsgeheimnis für ein langes Leben«, Heyne Verlag; Leitzmann/Keller/Hahn: »Alternative Ernährungsformen«, Hippokrates Verlag; Koerber/Männle/Leitzmann: »Vollwert-Ernährung«, Haug-Hüthig Verlag. Deutsche Gesellschaft für Ernährung e. V., Im Vogelsgesang 40, 60488 Frankfurt, Tel.: 0 69/9 76 80 30, Fax: 0 69/97 68 03 99, Internet: www.dge.de; Eden-Stiftung zur Förderung naturnaher Lebenshaltung, Wiesbadener Weg 1, 65812 Bad Soden, Tel.: 0 61 96/64 33 40, Fax: 0 61 96/64 20 87; Schweizerische Vereinigung für Ernährung, Effingerstr. 2, Postfach 83 33, CH-3001 Bern, Tel.: 00 41/31/3 85 00 00, Fax: 00 41/31/3 85 00 05, E-Mail: info@sve.org, Internet: www.sve.org.
Familienaufstellung: Bei »Brennpunkt Neue Erde«, Frau Margit Hoffmann, erhalten Sie Adressen für eine Familienaufstellung in Ihrer Nähe, Tel.: 0 61 28/ 93 40 60, Fax: 0 61 28/93 40 62. Familienaufstellung bei Erbkrankheiten:

Dr. Baitinger, Am Stadtpark 95, 90408 Nürnberg, Tel.: 09 11/3 65 18 31, Fax: 0 9 11/35 92 99, E-Mail: regionalgruppe@baitinger-therapie.de; Weserbergland-Klinik, Dr. Arnold, Tel.: 0 52 71/98 23 21.

Farbtherapie: Christa Muths: »Farb-Therapie. Mit Farben heilen – der sanfte Weg zur Gesundheit«, Heyne Verlag.

Feng Shui: Chao-Hsui Chen: »Feng Shui – Gesund und glücklich wohnen in Buddhas Haus und Garten«, »Feng Shui für Schönheit und Wohlbefinden« und »Body Feng Shui – Die Botschaften des Körpers entschlüsseln«, alle im Heyne Verlag; Lam Kam Chuen: »Das Feng Shui Handbuch – Wie Sie Ihre Wohn- und Arbeitssituation verbessern«, Joy Verlag; Ulrike und Joachim Prinz: »Das Feng-Shui-Kochbuch«, Heyne Verlag; Sarah Bartlett: »Feng Shui der Liebe«, Heyne Verlag. Feng-Shui-Artikel: Magic Discount, Fax: 0 89/ 3 56 63 62 61, E-Mail: Magicdiscount@gmx.de.; Methusalem, Max-Eyth-Str. 39, 89231 Neu-Ulm, Tel.: 07 31/9 70 28 17, Fax: 07 31/9 70 28 18, E-Mail: methusalem-verlag@t-online.de.

Fitness: Alexander-Technik e. V. (GLAT), Guntramstraße 11, Freiburg; Buchtipp: F. M. Alexander: »Der Gebrauch des Selbst«, Kösel Verlag; »Die 7 Lotusblüten, Die Verjüngungsübungen vom Dach der Welt«, Nymphenburger, Herbig Verlagsbuchhandlung; »Die Fünf Tibeter«, Einführung von Chris Criscom, Integral; Interesse für Eutonie? Internet: www.eutonie.com; Buchtipp Feldenkrais: Anna Triebel-Thoma »Feldenkrais«, Gräfe & Unzer Verlag, 1989; Buchtipp ZaZen: Joe Hyams: »Der Weg der leeren Hand«, Zen in den Kampfkünsten, Knaur-Esoterik.

Fußdiagnose/Fußreflexzonen: Christa Muth: »Heilen durch Reflexzonentherapie«, Heyne Verlag; Avi Grinberg: »Fuß-Diagnose. Die Füße – Spiegel der Seele. Ein praktisches Arbeitsbuch«, Goldmann Verlag; Marquardt: »Lehrbuch der Reflexzonentherapie am Fuß«, Hippokrates Verlag.

Galvanotherapie: Weserbergland-Klinik Dr. Arnold, Tel.: 0 52 71/98 23 20; Herbert Sand, Lessingstr. 14, 73230 Kirchheim-Ötlingen, Tel.: 0 70 21/64 50; Informationen zur Galvano-Therapie erhalten Sie auch vom BIO Ritter Verlag, Monatshauser Straße 8, 82327 Tutzing, Tel.: 0 81 58/80 21, Fax: 0 81 58/71 42, E-Mail: bioritter@aol.com.

Ganzheitliche Medizin: Bernd Dost: »Heilung durch ganzheitliche Medizin«, Goldmann Verlag; »Die neuen Heiler – Wo Kranke wirklich Hilfe finden«, ISBN 3-7766-2096-X. Münchner Modellprojekt zur Integration von Naturheilverfahren, Kaiserstr. 9, 80801 München, Tel.: 0 89/33 04 10 40, Fax: 0 89/39 34 84; Verein für erweitertes Heilwesen e. V., Johannes-Kepler-Str. 56–58, 75347 Bad Liebenzell, Tel.: 0 70 52/20 34, Fax: 0 70 52/41 07; Zeitschrift für Körper,

Geist und Seele: BIO Ritter Verlag, Monatshauser Str. 8, 82327 Tutzing, Tel.: 0 81 58/80 21, Fax: 0 81 58/71 42, E-Mail: bioritter@aol.com.

Geistiges Heilen: Dr. Harald Wiesendanger: »Geistheiler – Der Ratgeber«, LEA Verlag, Internet: www.psi-infos.de; Rudolf Passian: »Abenteuer PSI«, Reichl Verlag; Dagny und Imre Kerner: »Heilen – Vom Umgang mit Geistheilern«, Heyne Verlag; W. Schiebeler: »Paranormale Heilmethoden auf den Philippinen«, Passat Verlag; W. Veldung: »Geist-Chirurgie in Bewusstsein und Heilung«, Passat Verlag. Der Arbeitskreis Radionik und Schwingungsmedizin e. V., Waldstr. 20, 23611 Bad Schwartau, Tel./Fax: 04 51/28 11 84 führt im Rahmen seiner Forschung »Wie Heilung geschieht« ein Pilotprojekt durch; Dachverband Geistiges Heilen e. V., Steigerweg 55, 69115 Heidelberg, Internet: www.dgh-ev.de.

Grafologie: Alfons Lüke: »Grafologie für Einsteiger« und »Das große Handbuch der Grafologie«, beides im Ariston Verlag; Marie Bernard: »Sex und Handschrift«, Seehamer Verlag; weitere Informationen erhalten Sie auch vom BIO Leserservice, Monatshauser Str. 8, 82327 Tutzing, Tel.: 0 81 58/80 21, Fax: 0 81 58/71 42, E-Mail: bioritter@aol.com.

Heilfasten: O. Buchinger: »Das Heilfasten und seine Hilfsmethoden als biologischer Weg«, Hippokrates Verlag; Brigitte Neusiedl: »Heilfasten – Harmonie von Körper, Geist und Seele«, Heyne Verlag; H. Lützner: »Wie neugeboren durch Fasten«, Gräfe und Unzer Verlag. Ärztegesellschaft für Heilfasten und Ernährung, Säntisstraße 82, 88662 Überlingen, Tel.: 0 75 51/80 78 05, Fax: 0 75 51/6 58 89.

Heilgebete: Prof. Berthold A. Mülleneisen: »Heilgebete – Spirituelle Kraft für Körper und Seele«, Herbig Verlag.

Heilpraktiker: Die Deutschen Heilpraktiker-Verbände, Danneckerstr. 4, 70182 Stuttgart, Tel.: 07 11/24 29 64, Fax: 07 11/60 42 21.

Heilsteine: »Das große Lexikon der Heilsteine, Düfte und Kräuter«, Methusalem Verlag; Gunther Vorreiter: »Die Heilenergie der Edelsteine«, Deutscher Sparbuchverlag; Dr. Flora Peschek-Böhmer: »Heilung durch die Kraft der Steine«, Ludwig Verlag. Versand: Methusalem, Max-Eyth-Str. 39, 89231 Neu-Ulm, Tel.: 07 31/9 70 28 17, Fax: 07 31/9 70 28 18, E-Mail: methusalem-verlag-@t-online.de.

Hexen: »Sibyllas Hexenkalender«, Goldmann Verlag; Infos auch unter www.hexen-online-org. Astrologische Hexen-Rituale: Fax: 0 89-5 46 95 68, E-Mail: Anna.Garuda@t-online.de, Internet: www.astro-garuda.de.

Hildegard-Medizin: W. Strehlow: »Hildegard-Heilkunde von A bis Z«, Knaur Verlag; Hertzka/Strehlow: »Die Edelsteinmedizin der heiligen Hildegard« und

»Handbuch der Hildegard-Medizin«, beides im Bauer Verlag. Förderkreis Hildegard von Bingen e. V., Nestgasse 2, 78464 Konstanz, Tel.: 0 75 31/3 14 87, Fax: 0 75 31/3 34 03, E-Mail: jura@hildegard.de, Internet: www.hildegard.de.; Bund der Freunde Hildegards e. V., Zentrum, A-5084 Großgmain, Tel.: 00 43/62 47/82 53.

Holunder: Astrid Winter »Geheimnisvolle Holunderkraft«, Windpferd Verlag (erhältlich auch über BIO-Versandservice, Tel.: 0 81 58/80 21, Fax: 0 81 58/ 71 42, bioritter@aol.com).

Homöopathie: Herbert Fritsche: »Die Erhöhung der Schlange«, Burgdorf Verlag; Stephen Cumming/Dana Ullman: »Das Hausbuch der Homöopathie«, Heyne Verlag; G. Vithoulkas: »Medizin der Zukunft«, Wenderoth Verlag; Herbert Fritsche: »Idee und Wirklichkeit der Homöopathie«, Burgdorf Verlag; Samuel Hahnemann: »Organon der Heilkunst«, Haug Verlag; »Enders Handbuch der Homöopathie«, Haug Verlag. Kontaktadressen: Deutscher Zentralverein homöopathischer Ärzte e. V., Am Hofgarten 5, 53113 Bonn, Tel.: 02 28/ 2 42 53 30, Fax: 0228/2 42 53 31; Bundesverband Patienten für Homöopathie e. V., Burgstraße 20, 37181 Hardegsen, Tel.: 0 55 05/10 70, Fax: 0 55 05/95 96 96, E-Mail: BPH-Mail@t-online.de, Internet: www.bph-online.de; Österreichische Gesellschaft für homöopathische Medizin, Mariahilferstr. 110, A-1070 Wien, Tel.: 00 43/1/5 26 75 75, E-Mail: sekretariat@homoeopathie.at, Internet: www.homoeopathie.at.

Humoraltherapie: J. Abele: »Propädeutik der Humoraltherapie«, Haug Verlag.

Hyperthermie: M. Heckel: »Ganzkörper-Hyperthermie«; P. Vaupel/W. Krüger: »Wärmetherapie mit wassergefilterter Infrarot-A-Strahlung«, alle im Hippokrates Verlag (in Bibliotheken erhältlich).

Hypnose: Bongartz: »Hypnosetherapie«, Hogrefe Verlag; H.-C. Kossak: »Hypnose«, Psychologie Verlags Union. Deutsche Gesellschaft für therapeutische Hypnoseforschung, Kaiserstr. 2 a, 66955 Pirmasens, Tel.: 0 63 31/7 37 74; Milton-Erickson-Gesellschaft f. Klin. Hypnose e. V., Waisenhausstr. 55, 80637 München, Internet: www.meg-hypnose.de

I Ging: »I Ging, Text und Materialien«, Diederichs Gelbe Reihe.

Indianerrituale zum Aufladen der Grundenergie: Peter Whiteheart: »Fit x Vier, Schwung und Energie durch das geheime Wissen der Indianer«, Smaragd Verlag; Kenneth Meadows: »Die Kraft der Indianer – Praktische Anleitung zum Schamanismus in heutiger Zeit« und »Das Buch des Schamanismus – Der sanfte Weg zu Weisheit, Kraft und innerer Harmonie«, beides im Heyne Verlag.

Katathyme Imaginationstherapie: H.-C. Leuner: »Katathym-Imaginative Psychotherapie«, Thieme Verlag.

Kinesiologie: Dr. med D. Klinghardt: »Lehrbuch der Psycho-Kinesiologie«, H. Bauer Verlag; A. Ertl: »Kinesiologie – Gesund durch Berühren«, Südwest Verlag; A. Holdway: »Kinesiologie – Der goldene Schlüssel zur Weisheit des Körpers«, Aurum Verlag. Kontaktadressen: Deutsche Gesellschaft für angewandte Kinesiologie, Dietenbacher Str. 22, 79199 Kirchzarten, Tel.: 0 76 61/98 07 56. Dort erhalten Sie Anwenderlisten über praktizierende Kinesiologen in Ihrer Wohnortnähe. Institut für Neurobiologie nach Dr. Klinghardt GmbH, Waldäckerstraße 27, 70435 Stuttgart, Tel.: 07 11/ 8 06 08 70. Augsburg: HP Richard Mayer-Sonnenburg, Loisachstraße 8a, 86179 Augsburg, Tel.: 08 21/88 04 71, Fax: 08 21/81 31 55; Akademie für Angewandte Kinesiologie, Kräuterdorf, A-8362 Söchau, Tel.: 00 43/33 87/ 32 10, Fax: 00 43/33 87/32 12; Schweizerische Gesellschaft für Angewandte Kinesiologie, Rosenbergerstr. 50 a, CH-9000 St. Gallen, Tel.: 00 41/71/ 22 12 66, Fax: 00 41/71/23 81 66.

Kneipp-Therapie: Bachmann/Schleinkofer: »Die Kneipp-Wassertherapie«, Trias Verlag; S. Kneipp: »Meine Wasserkur. So sollt ihr leben«, Ehrenwirth Verlag. Kneipp-Bund e. V., Bundesverband für Gesundheitsförderung, Adolf-Scholz-Allee 6, 86825 Bad Wörishofen, Tel.: 0 82 47/3 00 20, Fax: 0 82 47/30 02 99.

Kolloidales Silber: Helmle Med, Kazmairstraße 40, 80339 München, Tel.: 0 89/ 26 56 35, Fax: 0 89/23 26 97 68 (natürliches Antibiotika).

Kosmische Bestellungen: Bärbel Mohr: »Bestellungen beim Universum«, Omega Verlag.

Kraniosakrale Osteopathie: I. Hartmann: »Lehrbuch der Osteopathie«, Pflaum Verlag, und »Lehrbuch der Kraniosakraltherapie«, Haug Verlag.

Kräuterheilkunde: Eva Aschenbrenner: »Der Wildkräutergang«, SMV Verlag; Anita Höhne: »Medizin am Wegesrand – Die Heilkraft der Kräuterküche«, Heyne Verlag.

Kräutertraumkissen: Atlantis Magic Discount, Postfach 14 22, 83604 Holzkirchen, Fax: 0 89/5 46 95 68, E-Mail: Magicdiscount@gmx.de.

Krebsabwehr: Beyersdorff: »Biologische Wege zur Krebsabwehr«, Haug Verlag. Gesellschaft für Biologische Krebsabwehr (Kontaktstelle Heidelberg, Tel.: 0 62 21/13 80 20; Berlin, Tel.: 0 30/3 42 50 41; Düsseldorf, Tel.: 02 11/24 12 19; Hamburg, Tel.: 0 40/6 40 46 27; München, Tel.: 0 89/26 86 90).

Lapacho-Tee: Gibt es in guten Teeläden, Naturkostläden und im Reformhaus.

Lasertherapie: Danhof: »Lasertherapie in der Allgemeinmedizin«, WBV Verlag; J. Elias: »Laserakupunktur«, Aescura im Urban & Fischer Verlag.

Lymphdrainage: Gesellschaft für Manuelle Lymphdrainage nach Dr. Vodder, Kronengasse 3, 89073 Ulm.

Magische Öle: Gibt es bei Atlantis Magic Discount, Postfach 14 22, 83604 Holzkirchen, Fax: 0 89/5 46 95 68; E-Mail: Magicdiscount@gmx.de.

Magnetfeldtherapie: D. Hachenberg: »Therapie mit statischen Magnetfeldern« in »Erfahrungsheilkunde«; W. Ludwig: »Magnetfeldtherapie« in »Dokumentation der besonderen Therapien«. Arbeitskreis Biophysik und Magnetfeldtherapie, Hauptstraße 179, 67473 Lindenberg/Pfalz, Tel.: 0 63 25/29 22; Info Magnetfeld-Matten für Privat Fax: 089/5 46 95 68.

Manuelle Therapien: D. Heimann: »Leitfaden Manuelle Medizin«, G. Fischer Verlag; Gerda Flemming: »Die Dorn-Methode«, ISBN 3-591-08407-7. Dorn-Seminare über Günther Gross, Tel.: 0 75 20/92 31 95.

Massage: Richard Gordon: »Deine heilenden Hände – Eine Anleitung zur Polarity-Massage«, Heyne Verlag. Internat. Massage-Akademie des Weltverbandes der Masseure und Gesundheitstherapeuten, Schußwallgasse 1/10, A-1050 Wien, Tel. und Fax: 00 43/1/5 48 26 29, E-Mail: office@weltverband.com, Internet: www.weltverband.com.

Mayr-Kur: E. Rauch: »Die Darmreinigung nach F. X. Mayr«, und »Die Diagnostik nach F. X. Mayr«, beides im Haug Verlag. Mayr-Kur-Verein, Hauptstraße 34, 88179 Oberreute, Tel.: 08 83 87/12 33; Gesellschaft der Mayr-Ärzte e. V., Gesundheitszentrum am Wörther See, A-9082 Maria Wörth-Dellach, Tel.: 00 43/42 73/25 11.

Meditation: Drs. Schachinger/Schrott: »Gesundheit aus dem Selbst: Transzendentale Meditation«, ISBN 3-933496-42-X; Gottwald/Howald: »Selbsthilfe durch Meditation«, MVG.

Mikrobiologische Therapien: M. Martin: »Leitfaden der mikrobiologischen Therapie«, Ralf Reglin Verlag. Arbeitsgemeinschaft für Mikrobiologische Therapie, Am Deutschherrnberg 19, 35578 Wetzlar, Tel.: 0 64 41/4 53 73.

Moxibustion: Auteroche: »Übungen zur Akupunktur und Moxibustion«, Hippokrates Verlag; Wühr: »Chinesische Akupunktur und Moxibustion«, Verlag für Ganzheitliche Medizin.

Naturheilkunde: Dr. Schmiedel/Dr. Augustin: »Handbuch Naturheilkunde«, Haug Verlag; A. Höhne/Dr. med. L. Hochenegg: »Kursbuch Naturheilkunde«, Heyne Verlag; Bierbach: »Naturheilpraxis Heute«, Urban & Fischer Verlag. Deutscher Naturheilbund, Kreuzbergstr. 45, 74564 Crailsheim, Tel.: 0 79 51/55 04, Fax: 0 79 51/4 46 54; Münchner Modellprojekt zur Integration von Naturheilverfahren, Kaiserstr. 9, 80801 München, Tel.: 0 89/3 30 410 40, Fax: 0 89/39 34 84; Eine achtseitige Broschüre »Heilen mit der Natur« ist bei der Verbraucher Initiative, Elsenstr. 106, 12435 Berlin zu erhalten, Internet: www.verbraucher.org.

Neuraltherapie: Dosch: »Lehrbuch der Neuraltherapie nach Huneke«, Haug Verlag; Badtke/Mudra: »Neuraltherapie«, Ullstein Mosby Verlag.

Noni-Saft: »Fit und vital mit der Kahuna-Zauberfrucht Noni«, Windpferd Verlag. Noni-Saft auch über Brigitte Versand, Johannesstraße 118, 73614 Schorndorf, Tel.: 0 71 81/7 32 92, Fax: 0 71 81/7 50 33, E-Mail: Brigitte-Versand@t-online.de, oder bei der Firma Helmle Med, Kazmairstr. 49, 80339 München, Tel.: 0 89/26 56 35, Fax: 0 89/23 26 97 68.

Ölsaugen/Ölkur: Norbert Messing: »Gesund und fit durch Ölsaugen«, BIO Ritter Verlag Tutzing, Tel.: 0 81 58/80 21, Fax: 0 81 58/71 42, E-Mail: bioritter@aol.com.

Orgontherapie: Wilhelm Reich: »Die Entdeckung des Orgons I«, Kiepenheuer & Witsch Verlag; Herskowitz: »Emotionale Panzerung«, Lit Verlag; »Psychiatrische Orgontherapie« in »Lebensenergie«, Zeitschrift für Orgonomie, 1-5/1995; James De Meo: »Der Orgonakkumulator – Ein Handbuch«, 2001 Verlag; »Orgon-Energie«, Granit Verlag. Wilhelm Reich Institut für Interdisziplinäre Therapie und Beratung e. V., Dr. med. D. und M. Fuckert, Im Bräunlesrot 20, 69429 Waldbrunn, Tel.: 0 62 74/92 93 77, Fax: 0 62 74/53 45, E-Mail: praxis@fuckert.de, Internet: www.fuckert.de; Verein zur Förderung der Orgonenergie (VFO), Dürerstraße 10, 68542 Heddesheim, Tel.: 0 62 03/49 41 55; Bioaktiv GmbH, Am Neugraben 10, 91598 Colmberg, Tel.: 0 98 03/91 11-0, Fax: 0 98 03/3 09, Hersteller des Orgonstrahlers von Arno Herbert.

Orthomolekulare Therapie: Dr. Lothar Bugerstein: »Heilwirkung von Nährstoffen«, Haug Verlag; Earl Mindell: »Die Nährstoff-Bibel – Handbuch der Nahrungsergänzungsmittel«, Heyne Verlag; »Vitamine, Mineralstoffe, Spurenelemente in Medizin, Ernährung und Umwelt«, Periodicum, Hippokrates Verlag, erscheint viermal jährlich; C. C. Pfeiffer: »Nährstoff-Therapie bei psychischen Störungen«, Haug Verlag. Burgerstein-Produkte gibt es in vielen Apotheken oder Sie fragen bei der Firma Switamin nach Bezugsquellen: Tel.: 00 41/1/7 71 77 11 oder Fax: 00 41/1/7 15 35 11, E-Mail: Info@switamin.com; Forschungskreis für Molekulartherapie nach Koch, Bruno-Lauenroth-Weg 31, 22417 Hamburg, Tel.: 0 40/5 20 05 51, Fax: 0 40/5 20 33 10; Stiftung zur Internationalen Förderung der Orthomolekularen Medizin, Postfach, CH-8640 Rapperswil, Tel.: 00 41/55/27 72 91.

Oxithermie: M. Heckel: »Ganzkörper-Hyperthermie«, P. Vaupel/W. Krüger: »Wärmetherapie mit wassergefilterter Infrarot-A-Strahlung«, alle im Hippokrates Verlag (in Bibliotheken erhältlich).

Parasiten: Hulda Regehr Clark: »Heilung ist möglich«, Knaur Verlag; Baklayan: »Parasiten, die verborgene Ursache vieler Erkrankungen«, Goldmann Verlag, siehe auch »Darmgesundheit«.

Phytotherapie: Fischer/Krug: »Heilpflanzen und Arneipflanzen«, Haug Hüthig Verlag; Weiss/Fintelmann: »Lehrbuch der Phytotherapie«, Hippokrates Verlag; Wenigmann: »Phytotherapie«, Aescura im Verlag Urban & Fischer.

Power-(Buddha-)Armbänder: Sind im esoterischen Fachhandel erhältlich, aber auch bei der Firma Methusalem (siehe Heilsteine) oder der Firma Magic Discount, Fax: 0 89/3 56 63 62 61 und Fax: 0 89/5 46 95 68, siehe »Amulette«.

Psycho-Training: G. Ritter: »Psycho-Training – Das kleine Buch vom glücklichen Leben«, BIO Ritter Verlag, 82327 Tutzing, ISBN 3-920788-39-7.

Pyramiden: Rudi Ph. Weilmünster: »Praxis der Pyramidenenergie«, E-Mail: info@rudiphweilmuenster.de, Internet: www.rudiphweilmuenster.de. Pyramiden gibt es in großer Auswahl im esoterischen Fachhandel oder bei Magic Discount, Fax: 0 89/3 56 63 62 61, Magicdiscount@gmx.de.

Qi Gong: Ute Engelhardt: »Die klassische Tradition der Qi-Übungen (Qigong)«, MLV Verlag; Liu Quingshan: »Qi Gong«, Hugendubel Verlag; Ulli Olvedi: »Das Stille Qi Gong«, Heyne Verlag. Kurse über Qi Gong bietet fortlaufend die SMS (Adresse siehe Akupunktur); Akuna Gesellschaft für Klassische Chinesische Medizin und Alternativmedizin, Deutsches Akupunkturzentrum, Zu den Kuranlagen 1, 69429 Waldbrunn, Tel.: 0 62 74/68 34, Fax: 0 62 74/68 39; Forschungsinstitut für Chinesische Medizin e. V., Silberbachstr. 10, 79100 Freiburg, Tel.: 07 61/7 72 34.

Räucherwaren/-stäbchen: Gibt es im esoterischen Fachhandel oder bei Magic Discount, Postfach 14 22, 83604 Holzkirchen, Fax: 0 89/5 46 95 68, E-Mail: Magicdiscount@gmx.de.

Reiki: U. M. Klemm: »Reiki – das Handbuch für die Praxis«, Heyne Verlag. Reiki-Center, Gesellschaft für esoterische Schulung, Altvaterstr. 2, 14129 Berlin, Tel.: 0 30/8 03 18 24.

Reisen: »Verträglich Reisen«, Postfach 40 19 03, 80719 München, Tel.: 0 89/ 3 08 81 28, Fax: 0 89/3 08 81 18, E-Mail: info@vertraeglich-reisen.de oder Internet: www.vertraeglich-reisen.de.

Roiboos-Tee: Gibt es in guten Teeläden und Reformhäusern.

Rolfing: Peter Schwind: »Alles im Lot: Rolfing. Der Weg zu körperlichem und seelischem Gleichgewicht«, Goldmann Verlag; H.-G. Brecklinghaus: »Rolfing – Was es kann, wie es wirkt und wem es hilft«, Lebenshaus Verlag; Ida Rolf: »Rolfing – Strukturelle Integration«, Hugendubel Verlag; Ida Rolf: »Rolfing im Überblick, Physische Wirklichkeit und der Weg zu körperlicher Balance«, Junfermann Verlag. European Rolfing Association e. V., Kapuzinerstr. 25, 80337 München, Tel.: 0 89/54 37 09 40, Fax: 0 89/54 37 09 42, E-Mail: rolfingeurope@compuserve.com, Internet: www.rolfing.org; Geschäftsstelle i. d. Schweiz Tel.: 00 41/8 78/80 01 30, und E-Mail: info@rolfing.ch, zu erreichen.

Sauerstoff- und Ozontherapie: M. Almeling & W. Welslau: »Grundlagen der hyperbaren Sauerstofftherapie«, Archimedes Verlags-GmbH; Rilling/Viebahn: »Praxis der Ozon-Sauerstoff-Therapie«, Fischer Verlag; Stadtlaender: »HOT«, Haug Verlag. Ardenne-Institut für Angewandte Medizinische Forschung, Zeppelinstr. 7, 01324 Dresden, Tel.: 03 51/2 63 74 00, Fax: 03 51/2 63 74 44; Hyperbares Sauerstoffzentrum GmbH, Karlstraße 42, 80333 München, Tel.: 0 89/54 82 31 22, Fax: 0 89/54 82 31 50, E-Mail: HBOZentrum@aol.com, oder Internet: www.HBOZentrum.de.

Schröpfen: J. Abele: »Das Schröpfen«, erschienen im Gustav Fischer Verlag.

Selbstbewusstsein: Peter Lauster: »Selbstbewusstsein«, Econ Verlag.

Selbsthilfegruppen: »Wegweiser Selbsthilfegruppen« im Psychosozial Verlag, Friedrichstr. 35, 35392 Gießen, Tel.: 04 61/7 78 19.

Shiatsu: W. Rappenecker: »Shiatsu für Anfänger«, Goldmann Verlag; Shiatsu für Fortgeschrittene: Jarmey/Mojay: »Das Große Shiatsu Handbuch«, Barth Verlag; Saul Goodman: »Shiatsu – Ein praktisches Handbuch«, Heyne Verlag; Paul Lundberg: »Die Heilende Kraft des Shiatsu«, Mosaik Verlag, Shizuto Masunaga: »Das Große Buch der Heilung durch Shiatsu«, Scherz Verlag. Gesellschaft für Shiatsu in Deutschland, Winterfeldtstraße 97, 10777 Berlin, Tel.: 0 30/2 18 27 03, Fax: 0 30/2 17 71 50 (Auskunft über Shiatsu-Schulen).

Spagyrische Heilweisen: Ch. und D. Casagrande: »Spagyrik – Paracelsus-Medizin im Alltag«, Ludwig Verlag; Fritschi: »Spagyrik«, Gustav Fischer Verlag; Heinz: »Spagyrik – die medizinische Alternative«, Bauer Verlag. Laboratorium Soluna, Heilmittel GmbH, Artur-Proeller-Straße 9, 86609 Donauwörth, Tel.: 09 06/70 60 60, Fax: 09 06/7 06 06 78, E-Mail: info@Soluna.de, Internet: www.Soluna.de (auch über spagyrische Kosmetikprodukte).

Spirulina: Marianne E. Meyer: »Spirulina - Das blaugrüne Wunder«, Windpferd Verlag, auch erhältlich bei BIO Ritter Verlag, Monatshauser Str. 8, 82327 Tutzing, Tel.: 0 81 58/80 21, Fax: 0 81 58/71 42, E-Mail: bioritter@aol.com.

Stimmfrequenz-Therapie: Ausbildungen zum Bio-Akustiker im Johanniterhof, W. Maiworm, Stumpenstr. 1, 78052 Obereschach, Tel.: 0 77 21/6 33 15, Fax: 0 77 21/7 43 06. Auskunft erteilt auch der BIO Ritter Verlag, Tutzing, Tel.: 0 81 58/80 21, Fax: 0 81 58/71 42, E-Mail: bioritter@aol.com; Internet: www.magazin-bio.de.

Suggestion: C. Baudouin: »Suggestion und Autosuggestion«, Basel; Bürgin: »Konzentratives Bewusstseinstraining zur Anregung der Selbstheilungskräfte«, Erfahrungsheilkunde 4/91.

Tai-Chi: Al Huang: »Lebensschwung durch Taichi«, O. W. Barth Verlag; Frieder Anders: »Taichi – Chinas lebendige Weisheit«, Heyne Verlag; Toyo und Petra Kobayashi: »Tai Chi Chuan«, Hugendubel Verlag; Robert Parry: »Taiji – Das Handbuch zum Erlernen der Übungen«, Heyne Verlag; Ute Engelhardt: »Theorie und Technik des Taiji Quan«, WBV Biologisch-Medizinische Verlags-GmbH. Kurse in Tai-Chi bietet fortlaufend die SMS, Adresse siehe »Akupunktur«, weitere Adressen siehe »Qi-Gong«.

Tantra: Ashley Thirleby: »Das Tantra der Liebe« und »Tantra-Reigen der vollkommenen Lust«, beides Scherz Verlag.

Tarot: Gute Tarotbücher und -karten gibt es im esoterischen Fachhandel oder bei Magic Discount, Fax: 0 89/3 56 63 62 61 und Fax: 0 89/5 46 95 68, E-Mail: Magicdiscount@gmx.de.

Thermalbäder: Therme Bad Endorf, Rathaus, Bahnhofstraße 6, 83093 Bad Endorf, Tel.: 0 80 53/30 08 22 und Fax: 0 80 53/30 08 30; Chiemgau-Thermen, Ströbinger Straße 18, 83093 Bad Endorf, Tel.: 0 80 53/20 09-0, Fax: 0 80 53/ 34 00, Internet: www.chiemgau-thermen.de.

Tibetische Heilkunst: Franz Reichle: »Das Wissen vom Heilen, Tibetische Medizin«, Haupt Verlag; N. Qusar, Robert Sachs: »Tibetisches Ayurveda«, Heyne Verlag; J. C. Sergent: »Tibetische Medizin und Ernährung«, Knaur Verlag; Egbert Asshauer: »Tibets sanfte Medizin«, Herder Verlag. Infos über Tibetische Rezepturen: Padma AG, Wiesenstraße 5, CH-8603 Schwerzenbach.

Tierkreiszeichen-Bilder: Konrad Dördelmann, Künstlergemeinschaft Hallbergmoos, Schlossgut Erching, Seiboldhaus 4, 85399 Hallbergmoos, Tel.: 08 11/12 95, und Preinerszeller Str. 4, 85301 Schweitenkirchen, Tel.: 0 84 44/74 73. Handkolorierte Radierungen aller zwölf Tierkreiszeichen, Bildformat: 20 x 15 cm, Papierformat: ca. 39,5 x 26,5 cm, Handabzug auf 300-g-Hahnemühle-BüttenkartonKupferdruckkarton. Jedem Bild ist eine 18-seitige Schrift »Erklärungen zur Symbolik« beigefügt. Erhältlich auch unter der Internetadresse: www.astrogaruda.de.

Traumdeutung: Anna D. Garuda: »Träume – Seelenbotschaften und Zukunftsvisionen«, Goldmann Verlag; Anna D. Garuda: »Das Erotische Traumbuch«, Droemer Knaur Verlag.

Tuina-Massage: A. Meng: »Lehrbuch der Tuina-Therapie«, Haug Verlag; Yuanping/Deng: »Quintessenz der Tuina-Behandlung«, Verlag für Ganzheitliche Medizin. Weitere Information siehe unter »Akupunktur«.

Urintherapie: Abele/Herz: »Die Eigenharnbehandlung«, Haug Verlag; C. Thomas: »Ein ganz besonderer Saft – Urin«, Vgs.

Vitalsonnen: Fa. Weinsberger Solargesellschaft W. Stendel GmbH, Sulmstraße 9, 74189 Weinsberg, Telefon: 0 71 34/96 15 00, Fax: 0 71 34/1 43 17, E-Mail: weinsberger@t-online.de.

Wasser: F. Batmangehelidj: »Heilendes Wasser«, »Wasser, die gesunde Lösung«, VAK Verlag; Karin Schutt: »Wasser – Quelle für Wohlbefinden und Schönheit«, Gräfe und Unzer Verlag; H. Kronberger/S. Lattacher: »Auf der Spur des Wasserrätsels« sowie »Das Grander-Journal«, beide im Uranus Verlag; »Sonnen-Zeitung, Das Magazin für Erneuerbare Energie«, Uranus Verlagsges. m.b.H., Lange Gasse 48/5, A-1080 Wien, Tel.: 00 43/1/4 03 91 11-0, Fax: 00 43/1/4 03 91 11-33, E-Mail: sonnenzeitung@uranus.at, www.uranus.at.

Yoga: Erling Petersen: Yoga – Das große Übungsbuch für Anfänger und Fortgeschrittene«, Heyne Verlag; Hans H. Rhyner: »Gesund und schön durch Yoga«, BLV; Susi Rieth: »Yoga-Heilbuch«, Heyne Verlag; L. Frank/U. Ebbers: »Gesundheit und Spannkraft durch YOGA«, Falken Verlag; Kareen Zebroff: »Yoga-Übungen für jeden Tag«, Fischer Verlag. Förderverein für Yoga und Ayurveda e. V., Weidener Straße 3, 81737 München, Tel.: 0 89/6 37 10 12; Schweizer Yogaverband, Seilerstr. 24, CH-3011 Bern, Tel.: 00 41/31/3 82 18 10, Fax: 00 41/32/9 41 50 41, E-Mail: swissyoga@compuserve.com, Internet: www.swissyoga.ch.

Zahlenmagie: Anna D. Garuda: »Zahlenmagie – Ihre numerologischen Glückszahlen« und »Lottoglück & Co. – Zehn traumhafte Wege zum Glück im Spiel«.

Zehensocken: Erhältlich bei Letz Go, 72379 Hechingen, Tel./Fax: 0 74 71/1 61 20, www.zehensocken.de.vu.

Zeitschrift ASTRO: fortune + fortune gmbh, Leopoldstr. 17, 80802 München, Fax: 0 89/34 01 90 39.

Zeitschrift für Erneuerbare Energie: »Sonnen-Zeitung«, Uranus Verlagsges. m.b.H., Lange Gasse 48/5, A-1080 Wien, Tel.: 00 43/1/4 03 91 11-0, Fax: 00 43/1/4 03 91 11-33.

Zeitschrift für Körper, Geist und Seele: BIO – Gesundheit für Körper, Geist und Seele, BIO Ritter Verlag, Monatshauser Str. 8, 82327 Tutzing, Tel.: 0 81 58/80 21, Fax: 0 81 58/71 42, E-Mail: bioritter@aol.com.

Zeitschrift VISIONEN: Sandila Import-Export Handels GmbH, Sägestraße 37, 79737 Herrischried, Tel.: 0 77 64/9 39 70.

Zentrum für ganzheitliches Denken: Fax: 0 89/3 56 63 62 61, E-Mail: Ganzheitszentrum@inetmail.de

Weitere Bücher und Kontaktadresse der Autorin

»Seelen-Blues – Von Menschen und anderen Wesen. Wahre Geschichten und Erzählungen«, Haag & Herchen Verlag Frankfurt, ISBN 3-86137-392-0.
Dieses Buch erzählt die ganz unterschiedlichen Geschichten von Menschen und Tieren und deren innerem Geschehen: Empfindungen, Ahnungen, seelische Schwingungen, Sehnsüchte, Ängste, Träume, Visionen und vieles mehr. In liebevoller Erzählkunst führt uns die Autorin auf geheimnisvollen Pfaden in menschliche und tierische Seelenlandschaften und lässt unsere eigene Seele in diesen Empfindungen baumeln!

»Träume – Seelenbotschaften und Zukunftsvisionen. Das große Traumdeutungs-Lexikon«, Goldmann Verlag, München, ISBN 3-442-21528-5.
Die Traumexpertin regt dazu an, den Träumen auf die Spur zu kommen und ihre tiefe Botschaft zu verstehen. Traummotive und Traumgeschehen werden in dreifacher Hinsicht gedeutet: als tiefenpsychologische Aussage, als visionäre Botschaft im Hinblick auf zukünftige Ereignisse und als Symbol. Dieses umfassende Lexikon bietet differenzierte, jedoch gut verständliche Erläuterungen. Es eröffnet Ihnen einen leichten Einstieg in die Kunst der Traumdeutung!

»Der große Astrokalender – Jahres-, Monats- und Tagesprognose für alle Tierkreiszeichen«, Goldmann Verlag, München, ISBN 3-442-30842-9.
In diesem Buch erhalten Sie eine fundierte astrologische Zukunftsschau für jeden Monat des Jahres. Der große Astro-Kalender verrät Ihnen, was Sie in Beruf, Gesundheit, Finanzen sowie Liebe und Freundschaft erwartet. Zusätzlich finden Sie eine tabellarische Darstellung der günstigen Zeiten beziehungsweise negativen Einflüsse, eine ausführliche Allgemeincharakteristik der zwölf Tierkreiszeichen, die Vorstellung berühmter Persönlichkeiten, die großen Transite eines Jahres und allerlei Informationen zu Hobbys, günstigen Farben, Heilpflanzen, Edelsteinen und vielem mehr!

»Das erotische Traumlexikon«, Droemer Knaur Verlag, München, ISBN 3-426-77531-X.
Entdecken Sie die sinnlichen Botschaften Ihrer Träume: Das erotische Träume-Lexikon von A bis Z; praktische Traumdeutungsbesipiele; die erotischen Göttinnen und Götter in uns! Welche erotischen oder romantischen Liebesbotschaften sind in unseren Traumsymbolen verborgen? Das erste erotische

Traumlexikon, das rund 300 Traumsymbole und -motive nach tiefenpsychologischen Aussagen entschlüsselt und deutet und dabei berücksichtigt, ob der Träumende eine Frau oder ein Mann ist.

»Lottoglück & Co. – Zehn traumhafte Wege zum Glück im Spiel«, ISBN 3-8311-0625-8.
In diesem Buch erfährt der Leser die tiefsten Geheimnisse der Geisteswissenschaften. Dank des »Königswegs« oder des »Prinzenwegs« kann der Leser sein Glück im Spiel bewusst aktivieren. Die wichtigsten Kenntnisse der Astrologie, der Numerologie, der Magie, der Psychologie, der Traumdeutung und viele zusätzliche Hilfsmittel oder Rituale ermöglichen es ihm, aktiv und fröhlich an seiner Lebensverbesserung (materiell, seelisch und geistig) mitzuwirken!

»Zahlenmagie – Ihre numerologischen Glückszahlen«, ISBN 3-8311-1986-4.
Dieses Buch ist für jene Menschen geschrieben, die ihr spirituelles Wissen auf leicht verständliche Weise erweitern wollen. Aber auch für jene, die die positive Energie und Kraftquelle der Zahlenmagie für eine aktive Lebensverbesserung und für lohnende Ziele umsetzen möchten. Für jeden erlernbar wird die magische Kraft der chaldäisch-kabbalistischen Numerologie aufgezeigt und die geistige Verwandtschaft mit Astrologie und Magie erklärt. Zahlreiche Tipps zur persönlichen Lebensverbesserung und gezielten Aktivierung spezieller Lebensbereiche runden diese Erkenntnisse ab!

Alle Bücher sind im (Internet-)Buchhandel erhältlich oder direkt bei der Autorin handsigniert zu bestellen!

Kontaktadresse

Anna D. Garuda
Fax: 0 89/5 46 95 68
E-Mail: Anna.Garuda@t-online.de
Internetadresse: www.astro-garuda.de